U0480757

学术志

田野、星空与飞燕

Beyond
a Scholarship

吴小安 / 著

科学出版社
北京

内 容 简 介

行走，总是流动的，也是改变的；学人是一辈子在行走的，行走是在大地上的；燕子是季节性迁徙的，迁徙是飞越时空的：是谓《学术志：田野、星空与飞燕》。顾名思义，本书既是笔者关于专业学术的历史书写，也是笔者关于从事专业学术活动的智识书写，由《田野集》《星空集》《飞燕集》三部分构成。《田野集》是笔者攻读博士学位期间在荷兰、英国、中国、新加坡和马来西亚长期从事田野调查的系列札记；《星空集》是中文序言、书评、寄语与致辞；《飞燕集》则是笔者离开燕园、加盟华园后创作的赋能与超越的新诗。本书为笔者同时出版的《学人记：大地的思想与行走的历史》姊妹篇。

本书融思想和文化、学术与文学于一体，每篇皆属匠心之作，绝大部分都是第一次在国内整理发表。适合对人文学术、研究方法论与社会人生，特别是跨文化交流感兴趣的读者阅读。

图书在版编目（CIP）数据

学术志：田野、星空与飞燕 / 吴小安著. —北京：科学出版社，2023.2
ISBN 978-7-03-074828-7

Ⅰ. ①学… Ⅱ. ①吴… Ⅲ. ①社会科学-文集 Ⅳ. ①C53

中国国家版本馆 CIP 数据核字（2023）第 023290 号

责任编辑：耿 雪 李秉乾 / 责任校对：杨 然
责任印制：师艳茹 / 封面设计：黄华斌

科学出版社 出版
北京东黄城根北街 16 号
邮政编码：100717
http：// www.sciencep.com

北京汇瑞嘉合文化发展有限公司 印刷
科学出版社发行 各地新华书店经销
*

2023 年 2 月第 一 版 开本：880×1230 1/32
2023 年 2 月第一次印刷 印张：8 1/4
字数：150 000

定价：88.00 元

（如有印装质量问题，我社负责调换）

↑ 北大静园（2021 年 5 月初）

↑ 梅西大学北帕校园图书馆外（2019年10月）

↑ 荷兰公园（1999年春）

← 离开荷兰前夕（1999年11月）

↑ 领导嘉宾在华侨华人与区域国别研究院揭牌仪式上（2022年6月）

↓ 北京大学学术研讨会（2003年9月）

← 参加王赓武教授演讲会（2018年10月）

→ 在荷兰导师希瑟·萨泽兰（Heather Sutherland）教授阿姆斯特丹家（2019年2月）

↑ 与来访的谢文庆（Cheah Boon Kheng）教授和师母在阿姆斯特丹社会科学研究院办公室（1999年9月）

← 与夏威夷大学芭芭拉·安达娅（Barbara Andaya）教授在土生华人餐馆（2018年10月）

↓ 与新加坡国立大学学生们在一起（2009年2月）

↑ 台南小巷（2005年 12月）

词汇经常是比文献更响亮的证言

——霍布斯鲍姆《革命的年代1789—1848》

我收集过四季的遗产
山谷里 没有人烟
采摘下的野花继续生长
开放 那是死亡的时间

——北岛《你好 百花山》

刺骨的寒风阵阵在林中回旋低鸣
树叶一片片枯萎凋零
天上的星星看上去那么冷峻
而我呀还有多少里路程要赶

但我没感到天气肃杀严寒
没有听到枯叶萧飒窸窣有声
没有留意高空星焰如盏盏银灯
没有觉得离温馨的家有多么遥远

——济慈《刺骨的寒风阵阵 在林中回旋》

序
学术的边界

同样的人与事，有时候，在这里是中心，在那里却是边缘；在那里是中心，在这里却是边缘。同样的事与物，在那里曾几何时是中心，如今却是明日黄花；在这里如今成为中心，曾几何时却备受冷落，甚至被排斥。这是全球史一元性叙事与人类文明史多样性发展一个非常有趣的动力悖论与生态错位，也是每一位全球学人认知判断所面临的深刻局限和智识陷阱，甚至是严峻考验。

学人是专业的，也是志业的；学术是神圣的，也是经典的。学术志，既是学人关于专业学术的历史书写，也是学人关于从事专业学术活动的智识书写。学人与学术之间，学术与学术志之间，专业学术的书写与专业学术活动的书写之间，实际上是一体性的关联，彼此成就、相互支撑、相得益彰。学人的作品，作者往往同时是第一位读者，也是第一位批判者。虽然作者不是自己作品的最后判官，其实好坏与否，作者心里最清楚，因为思想的过程与成文拷问的历程，自己是最明白的。

为了做一位称职的学人，几十年来我始终相信并奉行一个基本信念：认真阅读，认真反思，认真书写，认真做自己。没有剪刀加糨糊，没有偷工减料；没有精致洗稿，没有投机炒作。如今回首审视，这些我应该都努力做到了，经受了考验。不仅如此，其实对于每一位严肃的学人，这既是操守，更是专业挑战；既是悖论，更是惊喜。

正统的观念里，学术是学院的和象牙塔的；然而，学院的和象牙塔的学术，始终都是立足于人与自然的。某种意义上，学术之外，有时往往指向的都是学术之内；弦外之音，或者画外之意，有时每每揭示的却是背后的真谛。如果说，这仍只是表现的方法，修辞的技法，或者工具的手法；那么，作为研究的过程、酝酿的过程、铺垫的过程、创造的过程，甚至蜕变的过程，则是实实在在的、不能逾越的，最终都是关于学术底蕴与气象、探索和依托等根本性问题。在主题的范畴里，方法与过程，都是统一的。固然，有时候，管中窥豹，只见一斑；然而，同样地，一叶知秋，见微知著，已然成为科学与哲学方法论常识。

几十年来，我一直专注于所谓专业的学问，始终谨防自己滑入非专业的功名利禄陷阱。除了专业学术研究，其实自己始终都没有停止过严肃的思考与写作。如今看来，这应该同样构成专业学问的重要组成部分。过去三四十年里，行走的时候，思想的时候，书写的时候，我从来没有想到，自己是在写一部著作，是奔向书写一本书的目标指引。反过来，如果当初潜意识里，果真如此，那么，这本书很可能永远不会面世了，至少不会以如此形式面世。这部书，竟然不知不觉地写了三四十年，虽然很吃惊，但是不后悔。千头万绪中，整理出版是一个非常棘手的挑战。

《学术志》是《学人记》的姊妹篇，两部书互为补充；在某种意义上，《学人记》长篇导论同样适合《学术志》。《学人记》侧重思想与文化的主题，是学人思想学术主题的记录，由《行走的思想集》和《历史的文化集》上、下两篇组成。《学术志》侧重专业研究与专业活动的主题，是学人从事学术研究活动的记录，由《田野集》《星空集》《飞燕集》三篇构成。

《田野集》是我 1994—1997 年在海外研究的系列札记，对我很重要，却不是真正意义上的“田野调查”专业笔记。真正意义上的“田野调查”专业笔记，其实，我当时记录了厚厚的十几本，这些都已经反映在我的专业学术出版中了。可以说，《田野记》是我攻读博士学位期间田野调查的副产品，当然也是第一次整理出版。加盟华侨大学第一个寒假里，闭关把《田野集》整理完毕后，我心里那份如释重负的欣喜感，自己最清楚意味着什么。本来，拙诗集《燕寨集》出版后，我是发誓不再写诗的，而且几乎一贯说到做到。欣慰的是，《飞燕集》喷薄而出，自然而成，一点儿都不是勉强或应景之作。《飞燕集》收录了 23 首新诗，绝大部分是我加盟华侨大学后所作的。某种意义上，至少对于我个人而言，《飞燕集》既是救赎，又是赋能；既是惊喜，更是超越。

学人是一辈子在行走的，行走是在大地上的；燕子是季节性迁徙的，迁徙是飞越时空的。大地与天空之间，除了阳光灿烂的日子，暴风骤雨，在所难免；黑夜里，肯定也会有星光灿烂的时候。遇见了，便是惊喜与生动；走过了，又将重新出发。

路有多远，我不知道；天有多高，我更不知道；山那头是什么风景，我不知道；海那边是什么风浪，我更不知道。

是为序。

吴小安

2022 年 7 月

目　　录

上部

田野集

第一次来北京收集硕士论文资料（1990年11月）

我生性就是如此
遇事都要穷本清源
在工作中
在探索道路时
在心灵困惑的瞬间

——帕斯捷尔纳克《我生性就是如此》

也要相信
旅途不总是布满陷阱
栽倒不总是跌断脊梁
恶梦不会紧连着恶梦
总有一天醒来是满眼晨光

——沙叶新《也要相信》

世界穿上了盛装
飘过空阔田野的声音只轻轻鸣响
阳光晒暖了和煦的秋日
田野静立如一片伸展的远望
微风吹荡树梢枝条
伴着欢快沙沙声响
这时的田野已经变得空广

明朗景象的全部意义都活着
如一幅图像
四周飘浮着金色的盛况

——荷尔德林《秋》

阿姆斯特丹，1994 年 7 月—

不管怎么说，如果立志做研究，从现在开始，除了语言（中外文）文字功底外，自己必须好好训练理论思维。一个学人可塑与不可塑，有没有创造性和发展潜力，大体在此。所谓资质，也即如此。理论思维，不单单是指具体的某种理论，而且指具备应用理论的功力。这里形象思维、辩证思维相当重要。方法论、认识论总是最重要的指导。很多社会科学的学人，由于历史的或某种难以言传的原因，其研究大部分是描述性和叙述性的，上升到一定高度的，很少见；究其原因，就是没有理论功力，缺乏学科训练。即使有理论，至多也是政治上的实用主义和保守主义，而且千篇一律。如果一个人的研究，假使没有站在某种特定高度来观察问题，即会迷失。视角的重要性，也即在此。

不管是否做学问，无论如何，要有一份精神。向上的精神和向上的斗志，将始终是生命的力量和源泉。千万不要失去这些，就像千万不要失去善与爱的能力一样，不管出现何种情况。惟有如此，人才会有活力和希望。人的超越与进步，本质上，大多是对自身的超越和进步。这中间的过程，即是自我反省、自我批判的过程。否

阿姆斯特丹大学图书馆（1993 年）与英国图书馆阅览证（1994 年）

则，人会退化的。坦率地说，很多时候，很多人的成绩，在某种意义上是因为对手太弱、社会性不强的缘故。诚然，有时候，人们希望自我安慰、自我欣赏，毕竟在非常困难的时候，相当脆弱；但是，千万不要总是太自我感觉良好。

——1994 年 7 月 27 日，阿姆斯特丹

与杨国桢教授在海牙（1994 年 9 月）

我是 1991 年 7 月研究生毕业留校工作的，担任助教，主讲世界现代史课程。同年 9 月，系里安排我担任 1991 级史学专业班级的班主任；一年后，王丽萍老师考上复旦大学研究生，我同时兼任旅游专业班级的班主任。我是真诚地把 1991 级视为我生命的一部分。那段班主任经历，使我的大学生活有了一个飞跃，让我感到生命的充实和一份依傍。真的，至少我自己一直是这么想的，虽然作为刚刚参加工作的青年教师，难免有很多不成熟，工作方式也有一些不妥之处，要求过高过严过火。因为我热爱大家，所以才会如此苛刻与苛求。我为自己班级的学生们成才，为他们的成功，由衷地高兴；也为同学们的不顺心而担心。是的，我不能要求我们班级每一个同学都这么想，但至少我一直是这么想的，真的。来荷兰后，回首往事，我心里一直在问我自己，要是我再做一次班主任，我一定会对同学们大声地说，去享受生命，去享受青春，去享受生活，去享受那个特定年龄所特有的心情与感受吧！如果说，我还要说什么，那便是："只是要当心一点；只是别忘了另一些重要的东西，将来重要的东西。"

——1994 年 9 月 29 日，阿姆斯特丹

现在是阿姆斯特丹当地时间（local time）凌晨 3 点 56 分 15 秒，睡不着，从床上爬起。明天 9 点 30 分跟一位荷兰人有约（appointment），反正今晚是要失眠了。

最近，难得有空，从一位中国留学生那里借了一本周励的《曼哈顿的中国女人》，其中所引亨利·朗费罗的诗，令我怀念和向往。大学时代，在图书馆但凡读了好诗，我都会在本子上摘抄下来：

我常常想起那美丽的小城
它就坐落在海岸
我常常幻想走进古老的小城
于是旧日的友谊和青春的恋情
带着安息的乐音流淌在我的小道上
像是鸽子回旋在寂静里

阿姆斯特丹，1994 年 7 月—

那甜蜜的古老歌辞起伏低唱：
“少年的愿望好似风的愿望
啊，青春的心思是多么、多么绵长”

家乡森林幽静、新鲜，美丽宽广
我的心怀着一种
近似痛楚的快乐又飞回到森林旁
当我萦绕于那往日的梦迹
我又找回了失去的青春
那奇异而美丽的歌
在树林里发出回响：
“少年的愿望好似风的愿望
啊，青春的心思是多么、多么绵长”

有时候，应该是大部分的日子，总是迷失自己。深感自己分量太轻，依然执着探索人生和事业之路，并问自己：路在何方？心向何方？

——1994 年 12 月 19 日，阿姆斯特丹

作为文科生，很多人觉得我很幸运。不错，是这样的。但是，我目前考虑的是下一阶段的工作计划与目标。首先是有一个好身

体，然后才能完成接下来在几个国家间来回奔波的田野调查。再就是尽量出色地完成自己的研究，然后藉此在将来站稳脚跟。当然，我今后的一生肯定是奔波的，漂泊不定的。我肯定会回国，是拿到学位后立即回国，再“杀出来”工作一段时间，还是拿到学位后在国外再待一段时间，然后回国，只好等将来再议。

——1995 年农历春节，阿姆斯特丹

这学期功课很紧，我一直不习惯按部就班地上课，天生有一种抵触情绪；但这是要求，必须完成。所以，弄得焦头烂额。我应该是一个很认真的人，对任何人和事。我可能还是一个爱幻想和爱做梦的人，但我一直在寻找我认为是真实的，能够把握的和久远的东西。我一直以为自己是一位纯粹的理想主义者，但前不久，我才深刻地感受到，我是一个现实的理想主义者。假如我一无所有，假如我连自己都瞧不起自己，我甚至都不会去寻找爱情；不是不想，而是因为那根本就靠不住，反而会让我偏离自己既定的轨道和应该专心的东西。我总想，把自己最好的东西、最好的自己奉献给自己的亲人和朋友。而当我落寞的时候，潦倒的时候，我宁愿，自己封闭起来，长久地、孤苦地奋战，以求有一天，自己能够走出来，再主动回头找我的朋友和家人，并深深道歉。既然我的命运选择这样，便不能那样；我依然会奋然而前行的，这一点，任何东西都无法阻挡，即便自己会遍体鳞伤。

我是一位理想主义者，精神上、灵魂上的理想主义者。但是我对生活的感受，生活的苦难，人生的苦难，生活的压迫，环境的压迫，人情的冷暖，世态的炎凉，有着我这个年龄的人不该承受的体验，有着我这个年龄不应背负的包袱。只有当我感到有机会站起来，站得还不算脆弱的时候，我才可以让自己的亲人、朋友和我自己，有一个幸福、和睦的生活与心理感受。所以，我需要奋斗。不管怎样，至少目前为止，我做到了。今后的几年，将是奋斗的几年；然后以此为基础，再奋斗十年。我不是一个庸俗的人，不是一个低级趣味的人，总是以自己的付出为前提的。

我语言方面，口语表达，一直很差。想想，连普通话都说不好，怎能不差呢？发音很差，大概是与小时候启蒙老师的水平有关。这点无法改变，但必须勇于直面问题。公共发言，也需要加强训练，克服胆怯的自我障碍。幸运的是，我的导师是一位和蔼而又严厉的老太太，是她一开始就对我刮目相看，给我了足够的自信，其实她才 50 岁。导师是澳大利亚人，在澳大利亚上大学、读硕士，然后去耶鲁读博士，再回到吉隆坡马来亚大学任教几年，30 多岁就成为荷兰阿姆斯特丹自由大学的教授——作为研究印度尼西亚历史的外国人，那么年轻就在印度尼西亚曾经的宗主国荷兰当教授，其成就可想而知。我的感受是，她不仅以自己的行动，让我做一个好学生，也让我暗暗发誓，将来自己也要做一位好老师。

——1995 年 2 月 13 日及 5 月 9 日，阿姆斯特丹

人生是需要信念的，幸福同样如此。这种信念主要指执着、坚定和自信。如果经不起考验，经不起风浪，经不起磨难，朴素地说，经

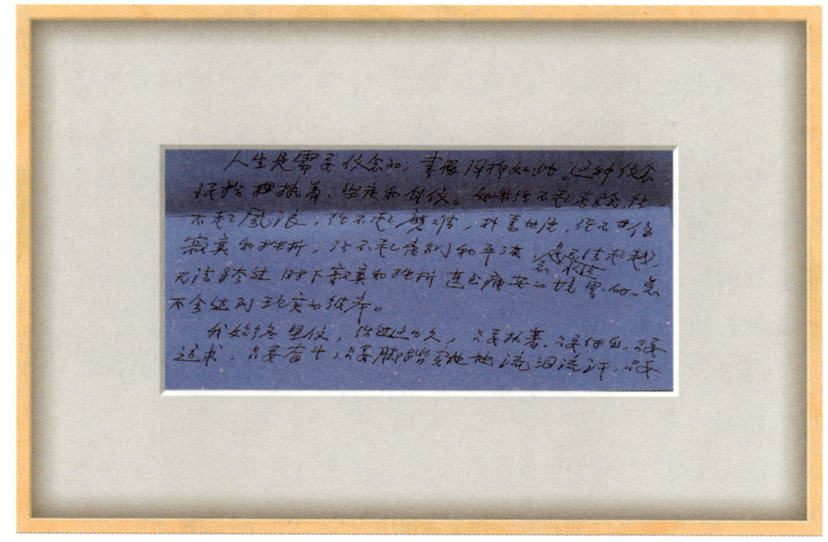
人生是需要信念的，幸福同样如此。这种信念
[illegible]执着、坚持和自信。如果经不起考验，经
不起风浪，经不起磨难，[illegible]，经不住
寂寞和挫折，经不起离别和平淡，[illegible]
无法跨越 [illegible]寂寞和挫折 甚至痛苦的境界的。[illegible]
不会达到现实的彼岸。
我始终坚信，经过这么久，只要执着，只要付出，只要
追求，只要奋斗，只要脚踏实地地流泪流汗，只要

阿姆斯特丹札记手迹（1995 年 2 月 25 日）

不住寂寞和挫折，经不起离别和平淡，总是无法超越，无法跨越当下寂寞和挫折，甚至痛苦的境界的，不会达到现实的彼岸。

我始终相信，经过这么久，只要执着，只要付出，只要追求，只要奋斗，只要脚踏实地地流泪流汗，只要真诚……我们就一定会得到相应的回报，甚至几倍的补偿。一个人生的失败者，大多是想走捷径，想占便宜，想得到而不付出，想一蹴而就。不会有那么容易，那么简单的，何况幸福更不那么容易！

我不是圣人，我有与许多人一样的弱点和缺点，我也一直敢于正视自己的缺点，不让自己迷失和洋洋自得。但这不要紧。最重要的是对生活的热情，对社会的进取，对人生的真诚，对情感世界——友谊和爱情——的真诚。有了这些，我们便能战胜苦难，战

阿姆斯特丹，1994 年 7 月—

胜暂时的困境。有时候，我也希望自己可以撒撒娇，返回到永远长不大的那个幼稚、天真的年代。人，多半是多面的、分裂的。在与自己有不同关系的人面前，表现的总是不同的自己，不同的情感世界。

——1995 年 2 月 25 日，阿姆斯特丹

很多时候，我这人还是太直率，没有太多的城府，改不了的毛病。作为朋友，这是优点。但在社会生活中太直，很容易吃亏。有时候，我就是憋不住，看不惯，听不顺，便要说，要讲。在这里，听某些人经常不脸红，往自己脸上贴金，而又装作很无奈的样子，便想揭穿这种把戏，自然引起别人的不快。生活中，很多人，很多我们一直很欣赏的人，实际上是套了很多假的面具，虚的光环，其实，金玉其外。但偏偏是这些人出风头，占便宜。

社会，这东西很怪。在其中摔打，有时候倒下了，还不知是怎么回事。没有人教你如何行事，全靠自己的经验与教训。成败论英雄，结果总比过程要重要得多。以前很单纯，现在经历了不少，看得多了，时不时会很困惑：公正与是非这东西，惟有当你与它没有关系，没有利害冲突的时候，才会（任何人都会）正直与公正。一旦与自身有利害冲突，则太难超越。在社会这样一个大得看似有序却无序的系统里，分配系统的原则主要还是实力的较量与斗争，谁赢了，谁便会占有；其他的都只是途径与手段。所以，人自从走出校门，走向社会之后，便只是联盟与冲突的关系，很少有真正的朋友，一切只是利益。如果有朋友，也只是过去的，或远方的，或没有利害冲突的；否则，都是一种利益交换关系。

不必将自己局限于太小的生活圈子，多结识一部分人，多一份经验与教训。社会里各色各样的人都有。以前我一直很轻信，很容易激动，但是非好坏的判断却一直非常清醒。知道社会复杂，世事复杂，人情复杂；所以，也一直默默地苦干，流泪流汗，藉此开辟自己一块绿地。任何美好的东西，真诚的东西，都是需要经过千辛万苦的跋涉和探索的。想起来，走了这么长的路，看过这么多的风景，尽管路很不平坦，但值得。

——1995 年 3 月 4 日，阿姆斯特丹

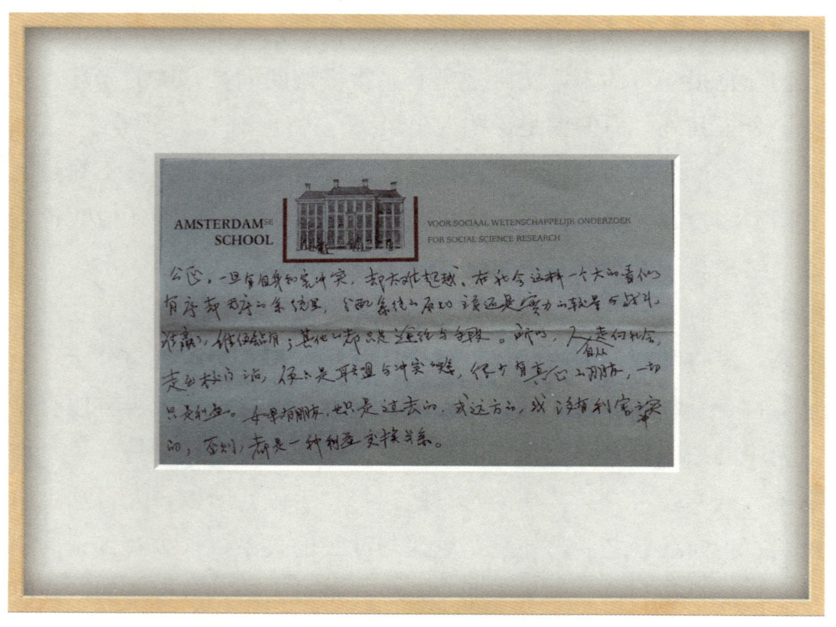

AMSTERDAMSE SCHOOL

VOOR SOCIAAL WETENSCHAPPELIJK ONDERZOEK
FOR SOCIAL SCIENCE RESEARCH

公正，一旦有自身利害冲突，都太难超越。在社会这样一个大的看似有序却无序的系统里，公正系统的原则主要还是实力的较量与[illegible]，[illegible]；其他的都只是途径与手段。所以，人自从走向社会，走出校门后，便不是[illegible]与冲突[illegible]，很少有真正的朋友，一切只是利益。如果有朋友，也只是过去的，或远方的，或没有利害冲突的，否则，都是一种利益交换关系。

阿姆斯特丹札记手迹（1995 年 3 月 4 日）

荷兰花田（1995 年春）

晚上独自一个人做饭，放着那几盘旧得不能再旧的中国音乐磁带，一边独自品味着，一边思绪飞扬。我终于体会到背景和气氛的重要性了。有时，音乐停了，即使手上还有啤酒或葡萄酒，思绪却会情不自禁地停下来。要么是看电视中一个令人感动的镜头，思绪又会涌上来。

——1995 年 5 月 18 日，阿姆斯特丹

上星期六清晨 5 点钟起床，赶到机场接戴一峰、宋平夫妇，他们来阿姆斯特丹校际交流 3 个月；星期天又是 5 点钟，骑自行车半

小时赶到阿姆斯特丹中央火车站，然后坐火车到机场接孙福生老师和南洋研究院庄国土、廖少廉老师，他们来阿姆斯特丹开会。晚上招待会很晚才回来。凡是从厦门大学来的老师，包括之前到的李明欢、聂德宁老师（后来的王望波老师等），只要我在荷兰，都是我去机场接机的。昨天开了一整天的会，然后去印度尼西亚餐馆吃饭到晚上 9 点，事后陪英国一些学者到咖啡厅泡了一段时光。今早我没有去开会，想准备功课，赶回办公室。一个人，独自哭了。男人哭的时候，除了父母离开时，是情不自禁的，大致是不会外露的；要么感动，要么喜悦，而且都是事情已经过去了，感觉美好，同时非常委屈时，才会这样的。

——1995 年 5 月 23 日，阿姆斯特丹

年轻的时候，会有很多苦闷、忧伤，尤其是带有一份理想色彩和艺术色彩追求的人们。实际上，平淡和幸福，才是实实在在的真实追求。我也不要对自己要求太高，太苛刻，否则，永远是苦闷和寻求，不会有轻松的日子。只要我们过得好，只要我们不太庸俗，只要我们有情趣，有激情，有信念，一切都是幸福。

孙老师在荷兰短暂开会时，会后我把他从酒店接到我的住处一起住，晚上我们一起就着马天尼红酒聊了很多。我因为太忙，没空全陪老师，很不安，想必他会有看法。会后，我只能尽自己的能力做自己的事，别的无法改变。我想，他们会理解的。师母对我一直挺关心，挺真诚，像对自己的孩子一样；她的脾气是对你越好，当

阿姆斯特丹，1994 年 7 月—

面便越苛刻、越严厉，背后却相反。老太太，很不容易，能够挺过来，算是奇迹。

——1995 年 6 月 1 日，阿姆斯特丹

前天晚上，半夜爬起来，一连两次给国内我好朋友朱红雨单位挂电话，因为三个月来自己一直没有家里的消息，也不知我母亲怎么样。本来，家里很少给我写信，可不知怎么的，似乎意识到母亲年纪不小了，总担心什么。但是红雨没有来上班，只好让他同事转告了。真的，有时候很怨家里的人，不仅从不给我写信，而且还这样那样的。但转又一想，怎么可以怪他们呢，他们又能怎么样？所以，又消气了。

——1995 年 6 月 9 日，阿姆斯特丹

这两个月，跟耶鲁大学的詹姆斯·斯科特（James Scott）教授和伦敦大学的露丝·麦可薇（Ruth McVey）教授，分别单独讨论过一个半小时，关于我的研究项目。他们挺感兴趣的，这一点我很幸运，选择了一个人们都感兴趣，难度却非常大的课题。作为研究者，应该感到高兴，因为如果顺利完成，最终写成一本书，或许这辈子也可以没有枉对自己。不过，话虽如此说，其中的难度，惟有我自己深知。Jim 和 Ruth 都是国际一流的东南亚知名学者，从他们的讨论中、提问中，可以学到很多东西，感受到许多启发。

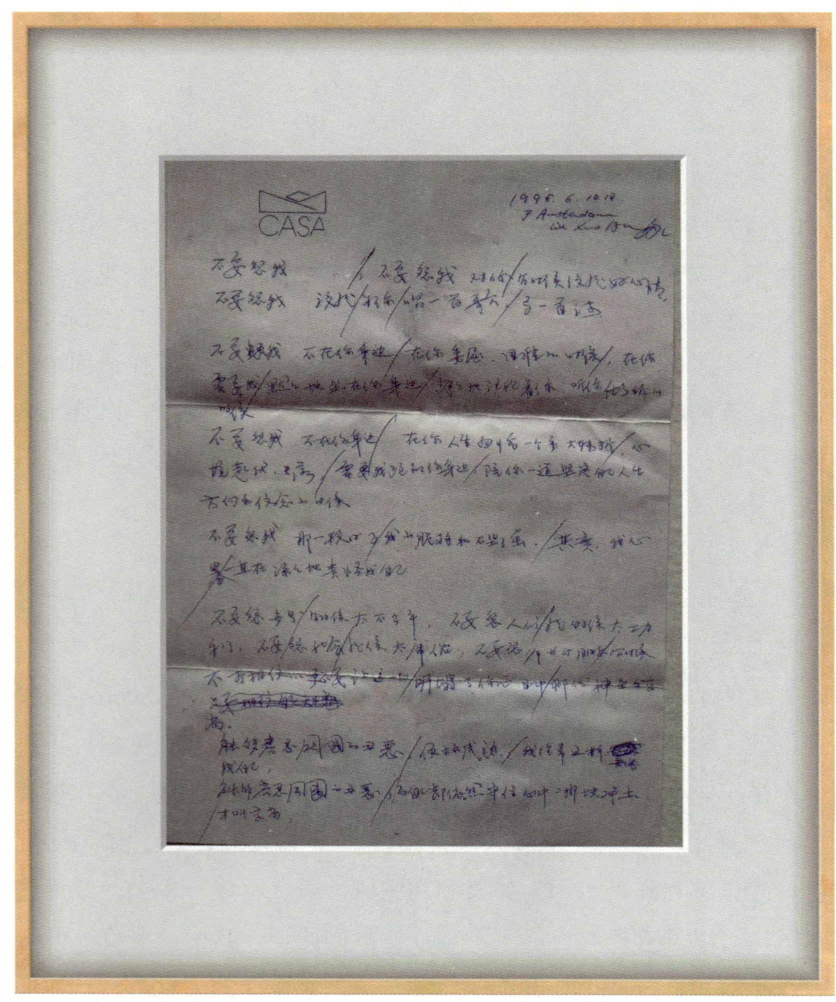

阿姆斯特丹札记手迹（1995年6月10日）

阿姆斯特丹，1994 年 7 月—

惟有最近，我第一次感受了人心的险恶，大家为争夺某种东西而轧斗、不择手段。以后，自己得当心，宁肯让自己吃亏、装傻，也不能说话太直。可自己就是改不掉这毛病，虽然我也明白这些道理。其实，我应该这么想，自己从一个穷山沟的小子，走到今天，在同龄人中间算是很幸运的了。所以，自己应该快乐些，那些人捣蛋，正是心理不平衡，千万不要让别人影响自己的情绪。

可自己就是受不了，当自己用心对待别人，真诚地对待别人的时候，你会有受玩弄与被欺骗的感觉。而那些人，又是上过刀山、下过火海的，是做什么事都脸不变色、心不跳的人，心里根本没有是非标准。我是无法跟他们较量的。反正，我现在是自己搞自己的研究，天塌下来，都跟我无关。

终于明白，在社会里，只要稍稍成为别人的对手，潜在的威胁，你就不可能跟别人讲公正，根本没有公正可讲。这便是政治，背后的、私下的机构政治。我自己一直像小孩，总以为凭自己的善良、奋斗与努力，会相安无事的；其实，即使这样，别人照样会叫你难受的。千万不要太计较，千万不要上别人的当，更不要让这些人影响自己的心情。反正我将来只做自己的学问，不问政治，不要倾轧，凭着自己的良心和性情做，便够了。

——1995 年 6 月 15 日，阿姆斯特丹

在伦敦的时候，我就提前联络阿姆斯特丹社会科学研究院秘书

处，帮我留心找阿姆斯特丹的住房；回阿姆斯特丹后，研究院说已经妥当了，与一位波兰籍的高年级的女博士生安娜（Anna）合租一套大的住房；当然房租很贵，她一个人单住，愿意出租给我一个半月。我自己住一个单间，与她共用卫生间和厨房，两人可以平均负担房租。安娜人白皙、秀气，是波兰华沙大学的讲师，据她说老公在波兰做旅行社。这样，我每天骑车经过中央火车站，然后过轮渡，再骑车 20 分钟左右，来回住处与研究院之间。当然，每天早晨，我依然保持在伦敦坚持的慢跑习惯。

下午（3 号）同门、同年级的师弟荷兰人思科（Sikko）跑到我办公室，我看他神情不对劲，问是怎么回事。他说，刚从机场回来，折腾了半天，把女朋友紧急送回美国，她的兄弟患癌症过世了。然后，思科情不自禁地哭了一场。这个月 21 号，他准备好了要去美国田纳西女朋友家举行婚礼呢，碰到这种事，当然很悲痛。我呢，刚好从南记餐馆打了一个包，另外一份鸡鸭饭是留给自己晚上吃的，看思科不会有心思做饭了，就顺手送给他了。

回来两周，今天（17 日）刚刚给导师交完两份研究报告，一份是博士入学后第 8 个月研究报告（8th month paper），一份是伦敦 3 个月田野调查的研究报告（report on the research findings in London），总算告一个段落。本来想回阿姆斯特丹好好休整一下，看来只好趁回国做田野调查间隙再找时间了。这一点，西方人的度假意识与工作习惯，应该值得我们好好学习。

任何美好的东西，幸福的东西，千万不要等到自己具备了某种条件，或者为了完美无缺地享受，而暂时牺牲。这是不对的。

阿姆斯特丹，1994 年 7 月—

任何生活，一开始便需要实实在在的投入和行动，不能够等待，也等待不起。

——1995 年 10 月 3 日、17 日和 25 日，阿姆斯特丹

刚处理好一切事情，终于能够出来透透气，到大街上逛逛。明天我就要走了，回中国去了；经过新加坡转机回中国，之后再到东南亚长期做田野调查。伦敦回来后，我特地主动要求家庭医生替我向医院约一次全面的体检，因为我知道，以后的田野调查很富有挑战性。体检是在阿姆斯特丹自由大学附属医院做的，一位教授和他的护士助手对我进行了一次很人性化的专业而全面细致的体检。三天前，接到该教授电话通知说，我的报告已经出来了，身体非常健康，可以放心去海外做田野调查了。在阿姆斯特丹生活了 26 个月，包括近 5 个月在伦敦，心情是不同的。我本该 10 个月前就得回中国去了，可我留下了，没有求过任何人。阿姆斯特丹的风景表面给人一种真实的尘嚣之感，背后却是轻松、奔放和多元的。当然，这取决于你的处境和心境。

——1995 年 11 月 14 日，阿姆斯特丹

虽然阿姆斯特丹离大西洋很近，我却一直没有到海边去看过，虽然我很喜欢海。我想，明年六七月份（注：是当时的计划安排，后来因新加坡图书档案资料摸底后临时改变计划，提前离开新加

坡，于 3 月 26 日直接赴马来西亚），我到马来西亚热带海滩、热带丛林，将会是另一种风景，另一种心情。但是，我依然怀念厦大的海，厦大的海滩。阿姆斯特丹此时正是落叶缤纷的季节，我想等明年五月从新加坡回来时，这里应该又是一个灿烂的花季了。虽然明年我在阿姆斯特丹只停留一个月，又将飞去马来西亚做一整年的田野调查，但这一直是我向往的生活。

——1995 年 11 月 14 日，阿姆斯特丹

伦敦，1995 年 7 月—

伦敦，去年来过 5 个星期，太大，也太令人烦累。英国人吹牛，说“如果你厌倦伦敦，那么你就是厌倦生活”（“if you are tired of London，you are tired of life”）。不过，我还是喜欢阿姆斯特丹，那里自在、轻松。今后，如果要我选工作、生活的地方，我一定不进大城市，最好是中小城市，空气好的地方。

——1995 年 7 月 5 日，伦敦

7 月 1 日，我第二次来英国研究。事先，我托熟人在位于“51 Drayton Green，West Ealing，London W13”的中国大使馆教育处专门找了一个单间，包了 3 个月。除荷兰每月 2000 盾的奖学金外，我在伦敦的研究预算，是按每日 30 英镑住宿基本标准做的，出发前自己从阿姆斯特丹一次性地买了 3000 英镑的旅行支票。所以，海外研究对我，是一件很激励和兴奋的事情。这一点我要始终感谢我的导师为我创造如此优厚的研究条件。她始终认为，Wu（那时候她对我的称呼）在海外田野研究，如果不能“生活奢侈，至少必须舒适”（“live in luxury，at least must be comfortable”）。所以，导师给我额外找了很多经费；我两年海外田野调查，从来就没有为吃、住、旅行、社交、购物、打国际长途操过心，一心专门做研究，每月奖学金则存着。

安顿好后的第三天，我便早晨起来跑步。在荷兰，自己倒没有每日坚持锻炼。在伦敦三个月时间，怕万一身体吃不消，所以不得不起来，坚持锻炼。以后，应该必须一直这样。否则，不可能挺过海外长期做田野调查的压力。已经坚持跑步 5 天了，我想三个月应该能坚持下去的。人是被逼出来的。找资料总是件辛苦的事，不是智商问题，而是第一手资料太匮乏；容易找的、最简便的资料，前辈学人都已经捷足先登，都已经用过了。既然是研究，一般创新意义上的研究，都是前人很少做过的，所以，挺辛苦的。国际上一流大学任何文科的 Ph.D 都要经过这个关，尤其是将来马来西亚一年的田野调查，将会更难。实际上，在国外读文科博士，尤其是非中国的外国研究，比理工科更辛苦、更折腾；尤其是写论文，英文不是母语，搞研究又是创造，这便更困难。这次我们研究院一位四十几岁的博士生论文答辩没有通过，只得重新修改，很正常的。所以，研究最重要；从这种意义上，存钱或者别的，都是一种近视的行为。

8 月中旬，我得向荷兰国家科研基金会（Netherlands Organisation for Scientific Research，NWO）提交研究报告；如果报告通不过，那便糟了。不过，我会尽力的，相信问题不算大。我这人，从来都是考虑得很长远，一直为将来规划。所以，也一直活得很辛苦。

——1995 年 7 月 9 日晚，伦敦

伦敦，1995 年 7 月—

在我的生命历程中，我一直是非常爱自己的，多少次选择和经历，最终总是叫我选择了我自己，选择了我自己的生活方式和人生态度。似乎只有在那种情况下，我才会不存侥幸，才会去寻找自己的方向；即使那时候挫折与艰难，只有自己一个人消受，但至少不会对别人内疚和感到沉重。今天回想起来，虽然自己依然一无所有，但自己的那份经历，自己的那个内心世界，却让我感到兴奋，让我吃惊。虽然有很长时间没有感动，很少有感动的心情和机会，偶尔感动起来，即使是一个小小的镜头，一段短短的文字，一曲短短的音符，还是让我忘情，让我陶醉，让我迷恋和憧憬。人，不能成天生活在梦想中，但人还是要有梦想的。

人是千差万别的，不同的人有着不同的世界和理解世界的方法。其实，生命是短暂的；在过程中，如果回过头来看，对生命、爱和爱人的认识与把握，是一辈子的事和一辈子的时间。我们不能因为如此便说，让我们等等再说吧，那样只能是错过。只要无愧，只要真诚，只要依然没有失去自己，只要还能够有梦想和激情，那便够了。我从来不会要求很多，不是不想，如果不想，那是假话，只是自己懂得那是过分的。可以自己作出决定，决定如何并不重要，最重要的是，决定必须由自己作出。假如一个人不能对自己的命运定夺，很难说他由此会心甘情愿地对他所作出的决定负责任。这才是问题的关键。

——1995 年 7 月 16 日凌晨，伦敦

人，如果处于高位，什么都不愁，自然会宽容、大度、和气和善解人意，没有理由不这样。做一件事，想有个变化，尤其是自己的生活，不是件容易事。小的时候，有考试、升级、升学，可以在短期内有所成。长大了，尤其是进入社会，有时候，为了跨一个台阶，竟然要花一辈子的心血经营。既然自己选择了，就不要有包袱，更不要有顾虑。

——1995 年 7 月 26 日，伦敦

第二次赴英伦三个月研究期间（1995 年 8 月）

这个星期六本来想去伦敦大学亚非学院图书馆，不想却被清华大学一位心地很好的、即将回国的、湖南籍的邢姓女老师拉上去了

伦敦，1995 年 7 月—

温莎。去年来伦敦研究时，心想等将来找到女朋友，与她一起来温莎应该更有味。所以，没去体验温莎旁边的小河与鸭鹅；其实，它们比温莎城堡更令人玩味与遐想。在温莎，看到一个钥匙串特好，买下了。

——1995 年 8 月 14 日，伦敦

刚封好给 NWO 报告软盘，导师说，她要去意大利度假，叫我直接从英国寄给基金会。由于必须有她和我两人的签名，所以，她签好后再寄回英国。既然导师同意我直接寄出，我猜报告应该不会有问题。

社会科学研究，尤其是攻读博士比理科要难得多。之所以不敢掉以轻心，一方面，研究难度的确很大；另一方面，想尽量做得好一点，为将来在国外出版打下基础。我一生恐怕就这么一次难得的机会真正从事研究了，所以，还是早些准备好。

目前国内社会上普遍存在一种价值观念、道德信仰、思想等的迷失与混乱，只希望自己，作为个人，不要迷失。尽量做一个善良、正直、有爱心和敬业心的人，做一个高尚一些、有追求目标的人，做一个不空虚、不虚伪、不丑恶的人。有很多钱并不幸福，没有很多钱，但又不缺钱花，并且有正事干，才幸福。所以，千万不要随大流，被社会上低级趣味的价值取向所迷惑。无论如何，我只想做一个守法的公民，靠自己的劳动与双手获取报酬，其他的，我不敢奢望，并且不屑奢望。

好日子不是一天可以取得的，需要一步一步地来。不要太苛求自己，有一份恬静、平和的心情，总是很美妙的；骚动的灵魂，忧郁的心，是属于艺术家、诗人和文学家的。那种创造，尽管很美丽，但往往他们真实的生活却很悲惨。老实说，假如某一天自己的内在支撑不幸地坍塌了，真的不知道我的世界将会是一种什么样的风景，也不知道自己是否能够承受得了那种生命的枯萎。但是，有一点应该是肯定的，生活必须继续下去。这两天，英国在大规模地庆祝反法西斯战争胜利 50 周年，气氛够盛大的了。我没去看，从电视里知道的。战争这东西，太可怕，是残酷的，仅仅一个小小的波黑，便如此悲惨。希望我们的国家和社会永远安静、平和！

——1995 年 8 月 21 日，伦敦

时间过得真快，转眼间一个暑假便过去了，而依然好像有一种没有抓住的感觉。记得小时候，日子特漫长，特难挨，总是盼望着节假日的到来，而那一天偏偏总是姗姗来迟。现在，也许不是期盼，而是每天工作，还没有感觉呢，一天便这么溜走了。

港台的音乐带，我现在倒不很感冒，总是那么忧伤与缠绵，挺累人的，虽然以前很迷恋。如今我倒很想听国内的民族音乐，一些抒情性的，有朝气、鼓舞人向上，令人沉思却不失憧憬的东西。

9 月 30 日就要回阿姆斯特丹了，要写第 8 个月的研究报告，通过应该是没有问题的；问题是能否勾画出一个清晰的图案与脉络，为明年去我国华南、新加坡、马来西亚做田野调查打下基础；我最

担心的便是在新、马能否找到足够多的第一手材料。人们都说，一个大的研究课题，便是一座大山；每一个阶段，登山的人都有一个阶段的“危机”；战胜了“危机”，自己便越过了障碍。这“危机”，不仅指外在的，包括周围的环境，研究场地人们的各种刁难与不合作，还包括内在的，研究者自身的心理、精神上的那种绝望、焦虑与孤独感。不过，我是有充分准备的，相信会挺住一个又一个关口。

我常想，人的好心情的获得，应该是结束了一个阶段的工作，而同时已经有另一个新阶段工作在等待着你；这两者之间的间隙，才是最惬意的。所以，很多人每年一定要度假，很多人一生中经常转换职业跑道。

——1995 年 8 月 24 日，伦敦

伦敦这几天正值狂欢节，我呢，则待在屋里休息，每周六天图书馆、档案馆很辛苦，旅游同样累人，还不如静静休整为好。烟已经戒了八个月了（从元旦算起），今后一定坚持不抽第一根烟。

自然的、精神的、思想的、艺术的、情感的东西，总是比社会的、世俗的、物质的、平庸的东西，珍贵得多，持久得多。在外面，神经，必须要很粗；心，必须要很硬；人，必须要很冷。否则，不能经受各种各样的压力和诱惑。

——1995 年 8 月 28 日，伦敦

对大佬们，我内心一直心存敬畏，却从来不会刻意迎合谄媚。其实，很多人，只要近了，熟悉了，也就没有障碍，没有面具，没有光环了。人，有一个共同的东西：那便是人性脆弱与真实的一面；都一样喜欢随和，喜欢不受拘束，喜欢哭和笑，喜欢被人尊重和夸奖，甚至喜欢面具。这都是很正常与平常的事。

昨天清晨 5 点 30 分不到起床，约好去剑桥大学，赶第一班巴士，等了二十几分钟，红色巴士才徐徐而来。赶到“Ealing Broadway”地铁站，冲过闸门，刚跳上车，地铁就开了，碰巧赶上。坐了十几站，到“Liverpool Street”站下车；然后换乘 7 点零 3 分的火车去剑桥。剑桥离伦敦约 50 多英里（80 公里）的路程。想不到，我坐的车子是慢车，不是快车，一路停了十几站，到剑桥时已经是 8 点 30 分，我 9 点 30 分跟剑桥大学图书馆负责皇家英联邦学会特藏（Royal Commonwealth Society Collections）的玛丽（Mary）女士分别书信约好与电话确认见面。

剑桥站离图书馆很远，跟着人，上巴士询问。司机说，巴士不在“West Road”停，只好赶紧下车。虽然去年研究时来过，自己不熟悉路，问人，很多人说不知道；再问，说要走路 40 分钟，朝右走，到“Silver Street”，朝左；到一个交通灯，再右行。每到一个十字路口，便问人。快接近图书馆时，又问人，说请往后走几十米，再转弯。只好再折回。一直看表，快 9 点 25 分。我赴约从来是不迟到的，国外如此，国内同样如此。问人，说请从原来的方向走几百米，就到了。经过了很多周折，终于于 9 点 30 分准时到达图书馆。跟接待处工作人员说，我叫×××，与某某有约，请通报。随即一位男士出来，带我去办公室，办好阅览证，并打电话给玛丽女士，说她会在三楼门口等我。我去三楼，等了二十几分钟，却仍不见人，只好折回。工作人员再打电话，说估计是我迷路了。玛丽女士直接下来，带我去阅览室。我一进去，立马想起去年我就来过这地方。只不过那时是由拉洁·布朗（Raj Brown）博士带我见蒂姆·哈珀（Tim Harper）博士，并在学院一起吃了一顿教授工作餐，周围都有穿着礼服的服务员伺候用餐，很传统。当时心想，在剑桥做老师可气派了。

在图书馆待了一整天，复印完资料，下午 5 点钟走出大门。这时候想，是该好好看一看剑桥了。一路按原来的路走，到了桥边，沿着一条小河，悠悠地走。河边很多杨柳，长长的、绿绿的披挂下来，顺着小河，朝幽深处排列。小河上，有小木舟可供游客嬉戏。我呢，沿着小河走了一段，便找了一个长木椅坐下来，边休息，边看风景，边发呆，想想剑桥、杨柳、小河，还有徐志摩的那首诗。

剑桥还是在黄昏，不是夜晚。我想，夜晚的剑桥，徐志摩的剑桥，游人已散的剑桥，波光星光下的剑桥，夜虫、杨柳、小河、拱桥，以及曾经在这里度过的时光，伴着即使离去——也许是永远的离去——的思绪会有一种什么样的心情。只是那时候，只有那时候；惟有未来将会美好，惟有前途将会光明；过去才特别值得留恋，诗人才会有心情浪漫，有心情品味，有心情潇洒……所不同的是，现在的离愁别绪让人伤感，令人怀念；而这一切加起来，便是一幅美好的风景、美好的浪漫和美好的情怀了。

坐了好一会儿，起身再走。我没有带相机，找店铺，很多已经关门。找了一家卖明信片的，每张 35 便士，很贵的。一下子买了十几张剑桥风光明信片，问老板，可否有折扣，没门儿的。明信片买了，这时才想起，在牛津罗德斯图书馆找资料时，我怎么就没有想到买明信片呢？

做学问是相当清贫的事，没有钱，没有权，没有地位。惟有一颗清淡的心，以及自然的、社会的与人生的哲学。柴米油盐酱醋茶，以及衣食住行，等等，都是现实的事，也是学问的事。在国外待了一段时间，又走了一段漂泊不定的路，终于体会了，生活是最重要与最根本的。过什么样的生活，怎样过生活；做什么样的人，与怎么做人，都是生活的一部分。

昨晚 9 点 30 分才回伦敦住所。没有饭吃，只好自己用开水做点面条，放两根香肠（我几乎从来不吃这玩意儿），一个鸡蛋，两个西红柿，全部都一扫而光，然后上床就睡着了。

——1995 年 9 月 12 日，伦敦

任何人都有自己独特的经历体验，有时候，一些感受除非亲身经历否则难以明白的。有上进心，不低级趣味，很好；但又不能太苛求自己，不要太辛苦自己和折腾自己。珍惜自己的生命，珍惜生活，有一份爱心和敬业的精神，便足够了。至于成名成家，那是顺其自然的事，千万不要过于计较认真。

想起来，只有出国后，才发现原来的我骨子里是个相当传统、相当保守、相当顽固的家伙。总觉得笑到最后笑得最开心，才是永

伦敦，1995 年 7 月—

远的笑；总以为不是永久的东西，总是破碎的、虚无缥缈的和靠不住的，以及虚伪的。所以，很固执，并以为，非如此自己倒像吃了亏似的。也许是从小一直在那块朴实、没有经过污染的土地上长大的缘故。现在，我真的相信，一方水土养一方人。家乡虽然贫瘠，但只要一回到那块土地，自己就像换了个人似的，没有压力，浑身舒畅。虽然厦门是个好地方，并且在那里待了九年，虽然自己要在阿姆斯特丹、伦敦、新加坡、槟榔屿和吉隆坡等地反复待五六年。无论到哪里，还是老家的空气让人轻松，让人没有压力。

我经常这样感慨，当然是以我自己的经历；我今后一旦做了长辈，决不拖自己孩子的后腿，让他放手去闯，没有包袱，没有后顾之忧。并且让他深信，他的父母能够很好地独立生活。做年轻人不容易，成家、立业，在社会上站住脚跟，挖一块土地后开垦下去，化成一片绿，是需要付出，需要竞争，需要支持，需要呵护，需要没有后顾之忧的。

研究嘛，两句老生常谈的套话永远有效：基本知识很重要，基本技能很重要。但是，不要做知识型的人，要做分析型的人。这里，系统性很重要。人，不是万能的，只能掌握某一方面的、专门性的、系统性的知识与技能，然后举一反三、触类旁通。

——1995 年 9 月 16 日晚，伦敦

“寻梦？撑一支长篙，向青草更青处漫溯；满载一船星辉，在星辉斑斓里放歌……”

那应该是一颗怀着柔情的心，去看，去想，去回忆，去遐想，去感受。感受曾经的过去，感受离别的思绪，还有对离别的浪漫的、略带忧伤的、却不失美丽的豁达、潇洒和抒情。

那一天，在康桥河边，真想放歌，但终却不能，康桥也为我沉默。沉默，为了遥远的天边；悄悄的是孤单的旅人，只有康桥、河水、杨柳、船和船上的少男少女们。

——1995 年 9 月 17 日晚，伦敦

昨天人太困，拖到今天。昨天从伦敦大学亚非学院图书馆出来，坐地铁到伦敦唐人街，一个人要了一份北京烤鸭，一碗米饭，一壶茶，配香油辣椒酱。烤鸭为四分之一只，量足够实在，吃不完，剩下 4 块，打个包回来第二天吃。唐人街烤鸭还行，不像上个周末，想加餐，到“West Ealing”一家自己经常去的马来西亚华人店要了个外卖，一盒要 5 英镑，里面却只有四五块鸭肉，而且味道根本与平常的鸭肉无异，心里大叫上当。在中国大使馆教育处，中餐质量太次，吃得不算好，虽然便宜。所以，想经常打打牙祭。

这个周六便要回阿姆斯特丹，回去后得有一摊子事要做。这次在伦敦顺便买了一些香水、大兵像之类。社会这么庞大复杂的系统，任何个体都不可能是万能的，需要靠复杂、精细的专业劳动分工来维系，谁都只能是拥有在某一特定方面比别人多一些的长处。做事不容易，很正常。记得自己上研究生时，即使毕业时也是这样。总觉得找不到自己的位置，太茫然，太困惑。在那种机制、氛

围下，也是很正常的。在官场、生意场里，能守住自己那块净土，如果你想成功的话，那是根本不可能的事。所以，有时候，自己私下里能理解为什么商界会是那种灯红酒绿的生活，能不那样吗？即使学术界也很难，谁发文章、出书那么虔诚过？恐怕时下不多了。能怪他们吗？评职称、分房子、涨工资、晋升等，即使是空的，也是回事呀。他们同样不是圣人，同样需要生活。学术界同样是个共同体（community），是个江湖（society），里面的事是社会现象，很正常。能理解，便行；不责怪，但自己最好不要学。

——1995 年 9 月 24 日，伦敦

今天是星期三。早晨 7 点起来，到对面操场跑完步。然后从“Drayton Green 51”号住处，坐巴士到地铁站“West Ealing”。乘车到“King’s Cross”车站，再换搭火车到“Hitchin”。“Hitchin”位于伦敦与剑桥之间。伦敦大学亚非学院的拉洁 • 布朗博士，历史系主任伊恩 • 布朗（Ian Brown）的太太，约我去她住的地方。一方面，可以聊聊我在伦敦的研究发现，听听她的见解；另一方面，她想开车在附近带我转转，让我领略一下英伦乡村的风情。在伦敦时，本来想带一束鲜花，但转一想还是到当地购买。然而一下车，却难以找到卖花的花店。问了好多人，最后还是在市中心找到的。然后，又急匆匆赶回车站，因为我们约好，她来车站接我；因为我这人从来不迟到，只要我有约。

上车后，拉洁先带我去城周围转转。英国的乡村很美，很干

净，尤其是绿化，做得特好。一排排的树丛，错落有致，井然有序；村庄住宅则隐约其间，忽隐忽现。周围是跑马场、花圃、高尔夫球场、农田等，给人一种真正意义上的田园之感，难怪英国田园诗很有名。惟有像这种情况下，才有那份诗情、画意、恬静、舒畅之感。转了一会，拉洁请我到一家中餐馆吃饭。前一次，在伦敦，我们四人吃饭时，她讲她买单，我却不答应。这不仅仅是文化上的差异，而且因为我这人觉得，让别人做得太多，心里总会感到不自在。事后，同在英国找资料的荷兰同门思科对我说，那样很不好。这次我便听她的了。

我们边吃边谈，拉洁对我的研究很感兴趣。对我说，如果能继续做下去，并有新发现，我们今后可以合作，她替我申请钱，给我一份研究经费。当然了，得视我今明两年在华南、新加坡和马来西亚研究进展而定。所以，得好好努力，多下功夫。不过，我这人德性是，一旦想做一件事，便拼命式地全身心投入，不顾一切地赌下去。所以，一切只得听天由命，顺其自然。

饭后，拉洁再带我去附近森林里转转。车子从那里开过，然后驶入丘陵，绿草地，农田，一派别样的风光。空气特别清新，草地特别翠绿，树木特别葱郁，并修剪得整整齐齐，当然道路也特别平坦。然后，拉洁再带我去附近乡下的酒吧，给我要了一杯葡萄酒，一份英国式点心。没法，她要付账，先说好的。记得去年第一次来伦敦作研究时，拉洁不仅跑上跑下，带我去图书馆、档案馆，而且有一次还领我去剑桥，把我介绍给蒂姆·哈珀博士。所以，这一点，我一直很幸运。

伦敦，1995 年 7 月—

三个月下来，总算找到一些重要研究发现，虽然很辛苦。再待下去，我怕人都会拖垮的，真的。在大英博物馆报刊图书馆，一天调出一年多的报刊，一份报纸每天多至 20 版，一年多的报刊阅读下来，快速阅读量可想而知。而且很多时候，根本就一无所获。当然，发现了，则是重要线索；然后追踪，便是大有收获。这次回去阿姆斯特丹，总算可以向导师希瑟·萨泽兰（Heather Sutherland）有所交代了，而且拉洁深信，希瑟老师得知后会很开心的。回去阿姆斯特丹一个月初步整理资料，然后再去福建、广东干两个月。

目前，还得沉下来努力默默耕耘，多积累一点基础与实力。在国际学术界，尤其是研究外国，要有一席之地，拓荒下去，很辛苦，竞争激烈。问题是发现一席之地本身就不容易。所以，希望把身体搞好，然后努力工作。正如拉洁所说的，在我们这一代中国社会科学学者中，能够有如此机会搞研究的不多，很难得有这份很好的机会。所以，自己得努力啰。

——1995 年 9 月 27 日傍晚，伦敦

闽粤，1995 年 12 月—

晚上从合肥乘机抵达厦门，刘晨老师和刘姐接机。昨天上午从刘老师家来到厦大，住在孙福生老师家。由孙老师领着，下午马上到颜章炮（系党委书记）、陈支平（系主任）家里，各坐了一个小时。晚上研究生师弟李一平请吃饭，然后自己去看望班主任王荣国老师。今天晚上，刘艳杰来电话，我请她到海边吃早晚饭，7 点钟左右，送艳杰到系里上课，顺便到蔡清洁楼打电话。回到孙老师家，陈国芬师弟带他太太一起见面，请吃饭，我们一起到一家店里喝了几杯。这是我第一次见到国芬师弟太太，想不到我们两年半多不见，国芬就从单身汉一跃为人夫了。有些感慨。今天上午约了同班同学卢文，请她到鹭江宾馆喝午茶，归还她 600 美元现金（汇率为 1 ： 8.2—1 ： 8.3），感谢她 1993 年出国时借我 4000 港币购买出国机票。

——1995 年 12 月 11 日，厦大敬贤一（406）

早晨去安溪，从厦门出来，本想坐公交汽车，以免司机在厦门市内转来转去，结果还是上当，公交巴士围着城市转了三四圈。到安溪县政府，刚下班，拿着厦门大学历史学系书记颜老师给他同班同学李建国县长的私人介绍信，对方说，县长陪市长下乡去了。在县政府酒店安顿下来，下午，再去找到县办主任，虽然有颜老师的介绍信，虽然他还是给我开了政府办的介绍信，但那神态好像人家欠了他们很多似的。这一点，比起西方职能部门的公务员差多了。凡是他们能够办的事情，都是尽量客气、礼貌；不能办的事情，那就只有干等。

晚上，拜访了安溪县侨办一位退休干部，是县《华侨志》主编陈克振。问了他一些问题，原来他也不懂，懂得一点儿皮毛也是从别的地方搬过来的。老一代有身份的华侨，尤其是他们的子孙，随着在当地政治、经济和社会地位身份的变化，跟乡土联系越来越疏远，越来越少。人，即使是移民，随着自己的家庭、子孙安顿下来后，心也随着安定下来了。

拜会之后，我给在华侨大学华侨华人研究所任职的同班同学白晓东打电话。晓东是安溪人，我问他一个月薪水多少，他说 300 元左右。晓东已经成家，有一个三四岁的小孩。我问他愿不愿意做我的临时研究助理，帮助联络、方言翻译，以及打打场之类。他很爽快地答应了。明天清早，晓东即从泉州市返回安溪，然后我们一道去下面两个镇搞调查研究。由于手头资料不明确，不知道那两个大家族到底坐落在哪个村，必须先把它们的地址落实，才能坐下来进一步挖掘。我与晓东君子约定，我三个星期支付他双倍薪水，于我于他都有利。做学问很清贫，即使如此，我依然向往这种生活。

当下我最迫切的愿望是，这两个月在闽粤的田野调查，能够有所收获，有所发现，为下一阶段最重要的东南亚田野调查奠定基础与指明方向。

——1995 年 12 月 14 日，福建安溪县城

早晨从安溪县城龙门镇出来，乘厦门至安溪的班车到官桥镇转车。中途，由于前面一辆卡车挡道，司机便沿相反车道开。不料路边的土路太疏松，车子差一点儿翻掉，只好全车人下车。我与同学晓东则拦了一辆出租摩托到了官桥镇，然后乘车到虎邱镇。同样是山路，同样是山区；一样的风水，一样的人和情。

我们先安顿下来，先到同学丈母娘家吃完饭，便到他连襟家准备住下来。然后又匆匆忙忙赶到虎邱后山找一位叫林老婴的老人，从他那里打听我调查对象的情况。几经周折，终于找到了。说我是从荷兰留学回来，凭借中国大使馆的介绍信比县政府的要好用得多。真不是滋味。老人很热情、好客，赶紧带我们去我调查对象的出生地点。我们看了族谱，问了情况。当然，他们对很多情况也不清楚，多是传说，而且水分不少，需要梳理与鉴别。不过，族谱毕竟真实、可靠。两大家的族谱都有，至少这一点很令人欣慰。下一步要找到我要调查的几大家族之间的横向联系，不过难度很大。

从伦敦回到阿姆斯特丹，再到新加坡转机，飞北京；然后飞抵安庆，坐汽车到宿松；再一整天坐车到合肥，然后乘飞机到厦门。一路奔走和旅行，应酬交往，实在辛苦。到闽粤调查两个月后，

回北京实在想好好休息一下。当然了，这种生活也很刺激、很令人兴奋。

调查中，一点感触颇深，即需要熟悉当地的语言文化与民情社情。没有当地人作为研究助手或向导，是很难进入所调查的社区的。人类学家和社会学家，可以从零开始，然后在相当长时期内，与他们同住、同生活，自然会慢慢建立信任与交情。但历史学家在短期内必须用人类学家、社会学家的方法收集民间资料，非当地人帮助不可，并且得懂当地语言，有共同点沟通才行。所以，能理解田野调查中的困难，那不仅仅是劳碌与奔波而已。明天我便要从旅馆搬到农民家里，同他们同住了。

——1995 年 12 月 17 日晚 10 点，安溪虎邱镇招待所

刚刚去安溪跑了整一个礼拜，赴漳州龙海做下一个调查前，想休整一下。在孙老师家吃完午饭，我又来到厦大海边。坐在厦大海滩旁的石桌边整理记录。

16 号晚，刚从安溪徒步十几里崎岖山路下来。从族谱得知，侨商林文虎母亲葬在龙山附近的英溪。问一位老人，说至少要走一个半小时的山路。于是，我出 15 元钱，请一位老乡带路。从山脚到山顶，山路实在难走。中间歇了 3 次，衬衫湿了不知几回。好不容易到了英溪，感觉自己到了另外一个世界。我们先被领到山里老乡家喝茶，因为太饿，我便不顾礼节径直向老乡家里要了一些饼干充饥。匆匆吃完，便出去寻找墓址。先找到一块，不是；所幸的

是，没几分钟便找到了。把墓碑搬开，下面是一条蛇，吓了一跳。遗憾的是，没有墓志。

看完后，已经是傍晚 5 点，天已经暗下来。老乡太客气，留我们在山里住下来，但我还是坚持要当晚下山。最后，山里老乡留我们吃点稀饭，填填肚子再下山。其间得知，除了山里人的好客天性，历史上山里很多乡亲都移民新加坡，我本能地感受到他们对我们的好客。我们向老乡借了两把手电，半道中再交护送我们下山的老乡带回。另外，按老乡建议找了两根下山用的手棍。走下山来，已是漆黑的乡下夜晚。可见，上山与下山，都是暗藏凶险的。

17 号，我们便动身前往另外一个调查地点虎邱镇。在虎邱的第二天，我们再去林家。非常幸运，我们看到了林兴隆（我要调查的对象）的族谱。然后我们再找到虎邱林氏总谱。当然，其中记载得不太多。但几种族谱对照起来看，很有益。然后，我们去找林兴隆在虎邱的一个妻子的墓址。据说坟墓本来很壮观气派，但已经被改造变成梯田了。我们找了很久，已不见墓志，墓地已变成了好几块田地了。

第二天，我们复印完族谱后，再访那位叫林老婴的老人，因为西坪镇柏叶村是林氏一家的源头。我们乘坐老人孩子的摩托，到 7 公里外的西坪，然后再雇一辆摩托到柏叶村。从西坪到柏叶村，要爬山，路程 8 公里。当时一连几天都在下雨，路很滑，很不好走。路旁是深谷，摩托车走在这样的山路、土路、泥路，当然很危险的。到山上，又狠狠地被那位摩托骑手给“宰”了，要了我 30 元（本来是 8—10 元）。我同学当天要下山，我独自一人留在山上。找到一位 86 岁的老人，问了一些情况，但不太如意。

当天晚上，我借住在柏叶小学校长家里，校长太太不在家，常年在山下开茶叶店。山里人真的太贫困，晚上四周一片漆黑。黑夜里，山上寂静无声。村里有一小伙子，大概听说来了一位留学生，到校长家串门，而且自己带了一根笛子。饭后，我和林校长、无名氏小伙子、校长的公子一起在户外聊天，小伙子不时自己吹起了曲子，校长也唱了闽南名曲《爱拼才会赢》。骨子里，我能感受到他们对外界的向往与精神生活的渴望。那情景，始终令人震撼，至今历历在目，不能忘记。真想不到自己的人生，还有机会体验这种生活。林老师家有一个 11 岁的小女孩，因营养不良，看样子只有八九岁。清晨 6 点，那位小姑娘就已经起来做饭，炒了一小块豆腐，吃得我心里很不是滋味。想想城里有权势人的生活，灯红酒绿、纸醉金迷的，你不经历是不会清楚什么滋味的。

第二天，我请老乡帮我雇了一辆摩托下山，老乡说已经讲好价钱 8 元，我给了骑手 10 元。然后，从虎邱镇到安溪县，再转车回厦门。到了厦门，打的去一家便餐馆，吃饱后再到厦大孙老师家。因为连续奔波，很疲惫，想休整 2 天。昨晚 8 点钟便上床，一直睡到今天早上 8 点半。这是我 11 月中旬回国后睡的第一个长觉。因下一阶段研究任务繁重，得休息好，再下去调查。目前，我正在厦大物色一位研究助手，兼做方言翻译。

明后天我得去漳州。不要问外面世界的风雨，把眼光放长远些，保持住自己的品质与风格。不知是写给别人，还是给自己。下一站出发前，自己不禁写下了这句话。

——1995 年 12 月 21 日，厦大海边

我又来到海边。要了一罐啤酒和一些水果，坐在石凳上整理研究笔记。明天清晨，我又得走了，到漳州龙海乡下去。林金妹老师的公子作为我的翻译助手。

昨天晚上，我顺便去郑学檬老师家坐坐，是晚饭后孙老师带我一起去的。郑老师挺客气的，说回国后，不说别的，房子一套下飞机后会直接给我。哎，那毕竟是很遥远的事。谁会料到将来会发生什么。目前我能做到的是努力工作，尽量对得起自己。厦大尽管挺好，但毕竟不同。我想还是尽量朝别处发展。努力在外开拓几年，然后再图国内发展。

我一直以为，待人真诚和善良是做人基本。不管如何，我依然想过自己想要的生活：敬业、健康、守法和爱家。当然这么做，要有坚实的事业基础和经济基础。所以，现在我得学会节俭，除了吃和营养方面不能节省外。

——1995 年 12 月 22 日中午，厦大海边

今天是圣诞节，海边的阳光灿烂，温暖而柔和。又回到了厦门，又来到了海边，又是中午午休的时间，我坐在白城厦大海滩岸上的石墩上，背靠厦大，面向大海，提笔整理自己这两天的研究札记。本来当天晚上就该把行程要点记录下来，但当时应酬实在太累，而自己是客人，需要应对主人，所以找不到空隙。

12 月 23 日星期六早晨，我跟柯兆力与林金妹老师的儿子小柯一起（临时雇佣的研究助理），坐车从轮渡出发，1 小时 20 分后，

抵达海澄镇。镇临海，集市人多且杂。没有公共汽车，只有摩托。我们人生地不熟，叫摩的司机去三都乡东社。这是我从英国伦敦研究中找到的线索。说大约8公里路程，但到该地一问，原来现名是叫东泗乡东社。我们去该村小学，以为小学老师较好打交道，但该校校长并不在家。问邻里，答曰这里只有姓苏的，没有姓林的。再问三都乡在哪里，说不知道。于是我们只好再坐班车回海澄镇，然后雇一辆摩的直奔镇政府。告诉门卫，我从荷兰回来搞研究，有厦门市委副书记秘书某某介绍，要见他们镇长。门卫赶紧打电话，但没有人接，后来告诉我们找镇侨联苏主席，从传达室打电话也不通。后经门卫指路，找到该人。自报家门，说明来意，并称他们市委常委兼办公室主任是我朋友介绍联络的云云。

苏主席说，三都乡于1958年便已划入厦门海沧新垵，叫我们坐长途车去角美。找到一家饭馆，填饱肚子，再雇一辆摩托，赶了十几公里地，好不容易找到了新垵乡林东社。我们先到林氏宗祠。令我吃惊的是，这里出去的很多华侨在马来西亚槟城有权有势有钱，而宗祠竟如此破落。拍了几张照片，然后跟老乡打听情况，找了一些人，竟然没有文字记载。傍晚见到了该村族长，当晚即住族长家。找了好久，仍未有族谱（在“文化大革命”期间被毁掉）。这既在意料之外，又在意料之中。因为我要调查的该村的家族，属于土生华人，即海峡殖民地出生的baba华人，而非中国出生的新客华人。第二天，我到邻村邱姓调查，因为该村邱氏在槟城是望族，期待能发现邱林之间联姻关系，但仍一无所获。再去10公里外的锦里村。据安溪龙门林氏族谱记载，林某本人、妻子和父母牌位曾入驻该村宗祠林氏九龙堂。

林族长带路，我们雇了两辆摩托，找到了该村的老人协会。那里人倒挺热心，聊了一下，便到林氏九龙堂参观。我找遍所有灵位，并未有所发现。后查看族谱，仍未有记载。但庆幸的是，新垵乡林东社、锦里与锦园三村林姓，属同宗关系。至此可以推出，安溪林（文虎）氏与厦门三都林氏有着较密切的宗亲关系，而且事实上他们也利用过这层关系。

吃过午饭，我们再雇一辆摩托，去 10 公里远的院前社。因为据安溪虎邱林氏族谱记载，林氏曾娶院前社颜氏为妻，想从中得到进一步的线索，找到颜氏的来源。我们去慈济宫，找到董事会。翻了许久，仍未有斩获。最后在 1897 年重修捐款碑铭中，发现有“林东朝天堂”一文。据安溪县龙山林氏族谱载，林文虎父母牌位曾于民国五年入驻“厦门朝天宫”，而碑铭证明朝天宫正坐落在林东社。林东社同时还是槟城另一著名侨领林宁绰的故地。这样，至少勾勒出我要调查的安溪龙山林氏、厦门三都林氏与厦门海沧林东村林氏，三大家族之间曾过往密切，彼此利用 Lim Lineage 为各自的商业利益服务。遗憾的是，进一步情况则无法找到。

昨天晚上，林族长儿子自己骑摩托送我们先到杏林，然后我们再乘车到厦大，那时已是晚 8 点左右。我想先回厦门，看看海澄县志，访问厦门侨联，拜会那些对侨情较了解的师长，看看他们掌握了什么资料。然后计划月底去广东汕头惠来县，摸清那里的情况后，再折回厦门，进一步厘清安溪与厦门三都林姓情况。至少要做到，我没有放过一个重要细节，掌握了在中国境内我要调查的林氏宗族的全部相关情况。其实，这几个家族，仅仅是我研究项目中的一小部分。我还要找到稻米贸易、鸦片贸易以及其他的档案暨访谈等等。

写到这里，越发清醒地感觉到，在我的生命里，家、研究与身心健康，这三件事应该始终是最重要的。如果某一天，我有所作为，问我最大的心愿是什么？我会毫不犹豫地说，那时候，我最想的是与家人在一起，找一个远离喧嚣的地方，去贴近自然，过一份田园般的散步、做饭、锻炼、休息、读书与写作的生活。

——1995 年 12 月 25 日中午，厦大白城海边

12 月 27 日晚 9 点 30 分，从厦门出发，坐卧铺大巴至汕头，于次日凌晨 4 点 20 分左右抵达。新到一地，人生地不熟，时间又恰好是大部分人熟睡的时候；先到交通路口一家餐馆要了一份面食，其实自己一点不饿，主要是想找个安全的公共空间歇歇脚和打发时间。然后，顺便在餐馆买了至惠来县城的长途班车票。他们要了我 40 元，知道被人“宰”了；但天太早仍未亮，得在该地落脚，只能认栽；后来知道车票只要 14 元就够了。

惠来是沿海县，海岸线即有 80 公里，资源主要是海产类，对台海上贸易为一大财源。从汕头到惠来县需要 3 小时左右汽车路程，一路崎岖不平。有的地方私人建筑挺好，但公共交通、公共福

利设施与公共道德却少见。这大概叫反差吧。

——1995 年 12 月 29 日，广东惠来县

由于一整夜没有睡，到惠来县城，又找人，又碰钉子；又找旅馆，中午还未睡半小时，就被电话吵醒。奇了怪了，刚来不久就有人找，原来是些专门从事服务行业的服务女生的骚扰电话。于是我赶紧放下电话，连理都未理，然后挂忙音。下午去惠来县侨联之前，特意去酒店前台，分别交待楼层与总服务台，不希望房间被骚扰，说我就是一位穷老师和学生（但是我知道，他们未必相信，因为我没有身份证，只有护照）。

惠来县侨联比侨办官员态度好，但由于侨办主任事先应该有交代，侨联主席只提供了一份不同的资料，另一份资料任凭我怎么绕弯子套，仍无所获。好在中午在侨办碰到一位年轻人，是华南师范大学毕业生，很热心，碍于主任面子不敢公开帮我，私下介绍我去找一位做教师的老县长儿子。晚上我两次去那位老师家，终于弄到了那份材料。这份材料对他们也许没有用，但在我手里，结合国外方方面面的资料与访谈，便很有意义了。

明天我要去林氏的出生地寻找宗祠、碑铭和族谱等，期望能够有访谈的收获。

——1995 年 12 月 29 日，广东惠来县

闽粤，1995 年 12 月—

昨晚的月亮很好。虽然是冬日，但厦门的月光却不清冷，柔和、安静而写意。自己的心情也激动起来，从孙老师家里跑到外面，慢慢地走在厦大校园的大道上，看天上的圆月。走回到孙老师楼下，又情不自禁地折回校门口，就这样漫无目标地走了 40 分钟。

回到孙老师家时已是晚上 10 点 30 分。厦门电视台播放了一部法国电影《阴谋的代价》。看着看着，想起来了，那是 1991 年 12 月 8 日，我作为历史学系 91 级历史学专业班主任，组织班上同学们骑车环岛旅行归来，在厦门工人文化宫看过的那部电影。

昨晚厦门的月亮真好，明天我又要出发去安溪县调查了。

——1996 年 1 月 6 日，厦大海边

新加坡，1996 年 3 月—

抵达樟宜机场时，早我抵达新加坡的阿姆斯特丹大学同门同学思科接机，他帮我在新加坡国立大学和新加坡东南亚研究所（Institute of Southeast Asian Studies，ISEAS）附近预订了酒店，前天晚上 12 点才抵达酒店安顿好。昨天一整天在找房子。之前，我传真导师希瑟我研究的进展，她来电邮，根据新情况要求我改变原计划行程，在新加坡待到这个月底，然后直接去吉隆坡、槟城和吉打州几个月。希瑟老师下下周来新加坡（17 号），我们几个约好在一家餐馆碰头汇报，顺便吃一顿。幸运的是，昨天自己依靠 ISEAS 提供的房屋中介最终找到了出租的房子，一个月一般是没有人出租的。租住在一位印度人家里，离国大较近，交通、吃饭与购物，非常方便。

今天，我便马不停蹄地开始进入工作状态，否则希瑟老师来此，无法汇报交代。一般地，晚上 9 点 30 分前和周末整天，我都在办公室。我与同班师弟思科一起合用一间超大办公室，自带浴室与厕所。

——1996 年 3 月 7 日，新加坡

新加坡，1996 年 3 月—

昨天去新加坡国家博物馆、国家档案馆和福建公会，初步了解一些馆藏资料情况，然后回来已是晚上 7 点左右。一个人从国立大学图书馆走回住处，特别孤单。到一家店里吃了一顿扬州炒饭，便跑到一家购物中心采购。

今天在国立大学中央图书馆，初步选了几盒槟城出版的华文报刊《槟城新报》微缩胶卷。我分别选了 1890 年代，1910 年代，1920 年代，1930 年代几个大的时期，然后各选了一盒微缩胶卷，并把每盒微缩胶卷从头至尾看完。由于之前我在大英博物馆报纸图书馆和英国档案馆都有过如何查阅几十年报纸档案的经验，这种试点研究（pilot research）是十分必要的，现在派上用场了。看完后，并没有什么新鲜的东西，比我在伦敦看到的英文报刊合集《亦果西报》（*Straits Echo*）和《槟城公报》（*Piang Gazette*）好不了多少，甚至更糟，而且有时候中文报刊报道还是从英文报纸中翻译出来的。而我原来对新加坡收藏的这批 40 多年期中文报刊是寄予很大希望的！但愿这仅仅是我最初版的印象，并且是错的。期望下个星期集中精力攻关，会有新发现（各找一年的报刊进行试点研究，连一天天的报刊都不放过试试看）。

下几个月要到好几个新地方，流动性很强，事务性工作准备很多，压力不小。希望自己能够到时有所收获。等安顿下来，我想，四五个月后，我在新加坡和马来西亚做研究，便有一个厚实的基础，一份安定和主人的感觉。只是希望研究能有大的突破。不过，不能掉以轻心。

刚刚从国大图书馆回到住所，刚刚与杨国祯教授在南大读书的女儿杨蔚电话约好到一个地方见面，把她父母托我带给她的物品转交。

——1996 年 3 月 9 日，新加坡

每到一个新地方，我关注的第一件事是安全，然后是熟悉环境和适应。我会努力的，努力地工作，努力地创造未来。我经常需要这样自我鼓励。

——1996 年 3 月 11 日，新加坡

人生本来就有很多风雨，本来就有很多得失，只要有信心，只要能够挺住，只要相信，只要耐心，将会换得另外一种绝然意想不到的惊喜和风景！人活着，只是一种生活方式，目的的本身并不重要，结果也无所谓，重要的是人生的过程。

这里，我跟王赓武教授，跟一些其他学者，交流和讨论我的研究。他们自然很热心，很热情。这大致是学术界里一种不成文的风气。每个人都在研究起步中遇到困难和挫折，都有过年轻的时候。所以，能够得到指点和帮助，一般都可以。

新加坡节奏很紧张，人相对单纯，做生意较国内诚实。在餐馆吃饭，有时我要 4 新元的盒饭，他们便推荐 3 新元就可以了，让我好感动。国立大学很漂亮，很干净。公共场所是不准吸烟的，也不准乱扔垃圾，否则罚款 1000 新元。这里的人，早餐和中餐，几乎

全在外面吃，一般很少自己炒菜，只是一份便餐就行，不像国内那么铺张浪费。

——1996 年 3 月 14 日，新加坡

这些天马不停蹄地集中在图书馆阅读微缩胶卷，经常是一个姿势，抢进度，眼睛都看疼了。不过，我会好好照顾好自己的，不仅为自己。时常在想，要是我垮了，家里怎么办，我老母亲怎么办？应该说，我这个穷小子，一点背景都没有，而且又是文科背景出身，能够走到今天，是该感到满足了。但谁又敢掉以轻心？在荷兰，拿到博士学位，最快得 5 年左右，而且很少人能够做到，一般是 7—8 年，甚至 10 年，都很正常。只有把论文做好了，学位拿到了，项目完成了，才能松一口气。

今天去马来西亚驻新加坡大使馆（High Commission）去申请访马签证。程序之前都打听好了，事后传真至吉隆坡，请对方传真给大使馆，同时知会我。去马来西亚大使馆申请签证的人特多，这是我所没有预料到的。我明天便可以拿到签证，计划一周后出发。

荷兰导师希瑟从阿姆斯特丹返澳大利亚度假途中在新加坡转机休息几天。本来，希瑟老师约见我和思科在胡姬路酒店见面汇报研究进展，今天得知她患流感，原定约会取消，等下几天通知。

——1996 年 3 月 18 日，新加坡

下周二（26号）我便去马来西亚。在那里，我还得学马来文，这对我将来很重要。我想努力干几年，把研究做好，以便能够有机会再在别的研究机构干一两年。这需要很大努力。在国际学术界，就业形势相对严峻，尤其是文科。其实这是我心底里一直的想法，只是怕实现不了，让人笑话，不敢吹牛，没有公开说出来。

我准备从新加坡坐公交巴士到柔佛州，然后坐火车到吉隆坡。一方面，我是研究马来西亚的，通过坐火车穿越，有一份真实的体验；另一方面，从新加坡—吉隆坡—槟城—新加坡的往返机票要375新元，很贵，我想可以省点儿。其实，我研究经费很充足，完全可以坐飞机，但这次例外。

——1996年3月21日，新加坡

从阿姆斯特丹到伦敦，到厦门，到广东，从北京到新加坡，又要到马来西亚各大城市，让我憧憬，让我心动，让我兴奋；虽然我依然一无所有，虽然有时候很疲惫，虽然每天得小心谨慎防止丢钱、防止身份证被偷，虽然得经常换地方安身，但我相信自己会好好的。

我会争取毕业后留在海外工作一两年。这得努力，努力研究，努力学习，努力工作。所以，在马来西亚，我得努力学习语言，努力挖掘资料，然后认真思考、组织。很可笑，想想当初在阿姆斯特丹，我最大的希望是访问学者十个月结束后能够延期，能存3000

美元。慢慢地，后来想，只要有机会在阿姆斯特丹攻读博士学位，即使没钱，只要能够生活就行。人，总是生活在不同阶段，总是向前走，向上进，向高爬。

晚上我要从新加坡乘火车去马来西亚做田野调查了。生活总是充满着挑战，但必须要挺住。我没有什么别的品质，惟有可靠、善良和品行端正。

——1996 年 3 月 25 日，新加坡

这两天看微缩胶卷档案，有一点儿进展，得到了一些资料。然而研究的进展取决于进一步的探索。这种探索目前大部分靠体力来支持，当然脑力是前提，不然便不知道你要寻找的资料的方向。研究国家的历史、中心的历史和政治精英的历史，与研究社会的历史、边缘的历史和人民的历史，是大相径庭的；后者必须贯穿两个层面的研究视角，探讨彼此之间的互动关系与发展动力；我们必须把经验资料放入理论框架中检视，并且在当下理论讨论的脉络中分析之（To study history of the state，of the centre，of the political elite，is quite different from that of the society，of the periphery，and of the people. The latter must combine two level perspectives and look into its interactions and dynamics. Furthermore，we must put the empirical sources in the theoretical framework and analyze them in the contexts of current theoretical debates）。这项工作，需要等到经验材料收集完成之后，才能做。所以，科学研究，尤其是创新研究，是

一件十分艰苦而艰难的工作。目前我最重要的任务是高质量地完成博士研究项目。这是责任，是专注，是奉献，是贡献。一本书并不算什么，有时候看起来好像一堆垃圾似的。但是如果各种各样的rubbishes科学专业地组合叠放在一起，可能便是一个多姿多彩的图像和文明。

有时候，我很懒，但一旦我认真起来，我会非常投入，不怕吃苦，爱拼命。保持大的方向不要错，从不同角度找资料、看问题，这样才会有所新发现、新突破。最近，我真的很累，现在虽然才早晨9点30分，但每天已经在微缩胶卷档案阅读室，看胶卷、赶进度，没有停歇，眼睛疼得要命。一天下来，除了吃饭，便是拼命寻找；所以，人很疲倦。所以，我吃得很多，能大吃大喝，而且一点不害臊。今晚我便吃了双份。人，到了保命的时候，会不顾一切的！这是好现象。不过，我会好好照顾自己的。自己不会那么傻的，外国人也从来不那么傻的，一旦身体报警，打死他们也不敢，只有中国人会有这种牺牲精神，长远看应该不是好事。好在我嘴很馋，而且特别爱自己。

——1996年4月25日晚，新加坡

为了回新加坡拿自己上次寄存在ISEAS的物品，昨天晚上，从吉隆坡坐大巴到柔佛州首府新山市，然后过海关，换乘公共汽车到新加坡。由于我办公室钥匙仍没有交上去，我可以自己开研究院办公室的门，晚上就直接睡在办公室桌子上。办完事，今晚又要乘新加坡，1996年3月—

火车回吉隆坡，明早抵达。回来后，有很多麻烦事亟待处理。

——1996年7月6日，新加坡

3月25日早晨，我从吉隆坡乘马航航班到新加坡；记得整一年前，我是特地从新加坡坐卧铺火车，经柔佛州抵达吉隆坡中央火车站的。由于是月尾早到，ISEAS帮我预订的住处是植物园附近的公务员俱乐部公寓（Civil Service Clubhouse），每月租金450—500新加坡元，合人民币2200—2500元。公务员俱乐部公寓的政策是，若仅住一天，也要付一个月的租金的。所以，在下个月1号之前，我被安排在国立大学校园内的淡马锡学院访问学人公寓的套间临时过渡一个星期，那里冰箱、浴室与座椅、台灯、书房都很全，每天50新元（约合人民币250元），条件很好。

不像去年我在ISEAS，有安排带浴室和电话的大办公室；今年ISEAS改变政策，不再给联名研究员（research associate）另外安排房间。所以，我像在马来西亚一年做田野调查一样，没有办公室，只能用这里的图书馆、档案馆设施等。这样也好。办完阅览证、移民厅手续后，今天早晨到国立大学图书馆。由于知道自己要找的东西，1天时间我便把它们复印完了。在新加坡一家书店，今天碰巧遇到谢文庆（Cheah Boon Kheng）老师，他来新加坡给他岳父做80大寿，很巧。本来以为他星期五到，不料却在今天就巧遇到了；而且，同时碰到了思科，虽然昨天也见过他。

离开吉隆坡前，希瑟老师刚好来马来亚大学历史系做国际学术评估外审委员（external examiner）。我与希瑟老师谈了，说争取五月底完成在新加坡最后的资料收集的收尾工作，然后希瑟老师准允我休假一个月，我回阿姆斯特丹之前到中国度假。什么事都不干，仅仅休息，锻炼身体，增强体能，准备迎接下一个艰苦的处理分析资料和写作阶段。我必须在明年 7 月 1 日前把博士论文第一稿拿出来，然后，在下一个 8 个月的时间内修改、提升，并且争取找到研究资助，进一步修改出版。6 月，我要回老家探望母亲。母亲是快 70 岁的老人了，过一年是一年的。有些事是不能期望将来的，否则后悔莫及。

从电视里，我又学会了一道做排骨的菜，应该挺好吃的。我已经有一个多月没有吃辣椒了，以前吃多了，没事；现在不知怎么搞的，吃一点儿便感到上火，不舒服。我想，我能理解，自前年 7 月 1 日起，一直在英国、荷兰、中国、新加坡和马来西亚之间奔波，从一地到另一地，没有安定的生活，自然有此反应。到目前为止，平安无事，能够到今天的地步，算是很了不起了。接下来在新加坡两个多月里，最大的希望是健康和安全，然后是尽量发掘一些新的资料，只能是希望如此。我想，等 5 月底回中国的时候，有一份期待，有一份激励，有一份奋斗的心情，那应该是很美好的。

有些事，我们不能以现在的心情来设想将来会怎么样；或者说，我们以将来会克服一切问题来回避现实的矛盾。这些都是不对的。此一时，彼一时也。就是这样。请记住，既然当初是自己确定选择的路，就应该有信心。应该相信自己，相信自己的力量，依靠自己的力量。任何时候，任何事情，都应该这样。谁都不能使生活

新加坡，1996 年 3 月—

永远圆满；只能是说，假使拥有一份现实的希望和憧憬，便很幸运，使人能够有勇气去面对和克服。人，本来就该有这种精神的。

——1997 年 3 月 27 日，新加坡

来新加坡后，又是新的环境，新的问题。好不容易收集的两大箱资料，终于通过邮局寄回了阿姆斯特丹，使用的是航空挂号，花了 400 多新元，折合人民币近 2600 元，很贵，但最重要，只好咬咬牙。自己分两次，扛了三里路，才弄完。第二天又搬到公务员俱乐部公寓住。一小间，带空调，不算电费要 430 新元，真贵；租了一个冰箱，每月租金 45 新元；这样月租总计要 3000 元人民币。

有时候，人不能想的太多，不能得到的太多；必须学会满足于自己拥有的一切，有时候甚至不能对自己期望太高，否则会很不快乐的。真的很羡慕很多人过的那种稳定、舒适的生活。长期在外，始终不安定，不能过正常人和正常家庭的生活，不能享受天伦之乐，不能放松随意，等等，有时候真的让人觉得自己是机器，时常不得不迫使自己思考人生的意义。所以，我不会在国外待太久，会早一些安顿下来。

尽管如此，无论如何，考虑问题，还是应该站得高一些。生活中，最重要的是身体、安全和一份健全、正常的性情。这才是最根本的，千万不要为了别的东西，而失去最重要的东西！所以，自己还是要小心谨慎，慎终追远，从小的地方做起。人，假使某一天，学会了说“不”，学会了一切按自己的计划时间表来安排自己的工

作与生活，那么他便真正进步了，其工作与生活永远具有高质量。当然，前提是他必须是一个很有自律性（discipline）的专业人士，一位很有责任心和品质标准的人。实际上，最重要的事，需要别人帮助和支持固然很重要，但关键在于自己，在于自己的能力、个人的投入和付出。真正要使得自己的生活更持久地幸福，关键的是必须把握住最重要的东西，因而必须舍弃某些看来同时重要的东西，有所不为。同时，必须修炼和磨炼自己。自己的生活需要自己把握，不要让别人，哪怕是亲朋好友，搅乱了自己生活的节奏，否则会很被动的，只能让所有的事情更糟。

——1997 年 4 月 2 日，新加坡

我的眼睛经常痛，不舒服，应该是长期用眼疲劳，赶时间看微缩胶卷的缘故，本身应该没有问题。人，如果懂得自己照顾自己，自己珍惜自己，那么他必定是个很懂生活的人，很懂珍惜的人。真的，世间很多事情都说不准的，惟有未雨绸缪，防患于未然，才会拥有和把握。真的，当我们拼命工作时，我们应该说服自己，尽量看开些，对钱，对物，对权，等等；只要认真工作，认真生活，努力生活，便相当开心了。有时候，人们就是往往看不开，连我都是这样。

——1997 年 5 月 1 日，新加坡

新加坡，1996 年 3 月—

上周新加坡《亚洲文化》学刊编辑对我说，请我为他们的刊物写点自己的研究。我答复说，目前还未整理分析自己的资料，真的没有东西可以给他们。他们说，田野报告也行，所以，我就交了二十几页的报告给他们处理。本月 18 号，南洋学会和新社请我给他们做一场学术报告，主要谈谈我的研究，在中国大酒店举行，只好硬着头皮上了。前几天再发电邮给阿姆斯特丹社会科学研究院秘书处，询问我签证事宜，请他们加快程序，以便我在中国休假结束前我的签证能够抵达荷兰驻北京大使馆。除研究外，我在新加坡剩下的便是一些起码的讨论、交往之类的事情。我自己知道，必须沉得住气。资料收集方面，别人是帮不了自己的研究的；惟有靠自己，尽量做好，尽量让人感到兴趣。这是我可以做的，也是必须要做的事情。

——1997 年 5 月 7 日晚，新加坡

马来西亚，1996 年 4 月—

今天刚刚得到消息，首相署经济策划组（Economic Planning Unit，EPU）与内务部交涉的结果，说这个星期五，我有望得到他们的批准信。这样，我就不必回到新加坡，而可以获得一年多次进出马来西亚的签证。我很幸运，EPU 负责与我对接的主管廖胜安（英文名 Richard Leow，槟城理工大学毕业生）对我很友好、很热心帮忙；真的，如果没有他的热心帮助，谁都没法。内政部竟然把我一年前提交的申请资料丢了，找不到了。不过，作为来自中国的研究者，我还是非常幸运的。据 EPU 负责海外研究许可事务的廖胜安说，对于中国来的研究者，几十年来被准许来马来西亚进行研究一年的博士生我是第一个。

按规定，没有研究许可，当时是不能进入马来西亚各档案馆与图书馆的；而且，若在当地采访，被视为非法，如果内政部发现就会被无条件逮捕；在马来西亚任何地方走动，都需要随身携带 EPU 颁发的研究许可批准证。我的一年研究许可早在 1995 年春季就从荷兰通过海牙马来西亚使馆提交，包括我的担保人（sponsor）个人同意接受函件与 ID 担保等。但是，我必须同时获得内务部批准信，移民厅才会给我颁发一年多次出入的研究许可证与签证。这是因为我是拿中国护照的，中国、朝鲜、古巴等国的研究者，都必须按照此规定办理。廖胜安说他本人也是第一次遇到，很吃惊，因为之前西方大学研究者办理研究许可时，都是不需要内政部批件的。

原定上个星期由谢文庆教授主持的、我在马来西亚理工大学（Universiti Sains Malaysia，USM）的学术讲座推迟到今天下午两点。第一次在马来西亚做讲座，我还是很紧张的，尤其是我研究的对象国。但是没有办法，只能硬着头皮上了，因为这是必须的，这样的安排让我与本地大学学者与研究人员有一个公开接触认识的机会，会大大方便我将来的研究工作。晚上，我邀请我在槟城的合作导师谢教授和师母吃饭，庆贺我已经获得了首相署的研究许可证，这样才既可以在马来西亚从事研究，又可以在当地合法待下去。

在新加坡，这些事，提交相关文档后全由 ISEAS 行政主管帮助办理，我只要交 50 新元和护照即可。但是 ISEAS 是新加坡政府属下的国家智库，同属一个官僚系统，快捷、方便，处理程序是与大学申请流程完全不一样的。我的荷兰同学在新加坡办理工作许可，却是不一样的经历，他前后跑了 6 趟才办成，他认为这是对他的歧视。我这周五将从槟城再去吉隆坡，晚上搭乘火车卧铺或长途巴士去，这样第二天清晨第一时间便可直接打的士赶到首相署，再到移民厅排队。因为中午 12 点后，穆斯林有宗教仪式，政府机关关门。必须抢时间。

目前，我是以社交签证来马来西亚的，如果拿不到一年的多次出入签证，就必须在入境之日后两周内离境。昨天，因为担心自己必须回新加坡，我趁机赶紧从槟城到吉打州首府亚罗士打一趟。从槟城过海峡，到北海，乘快捷大巴到亚罗士打，一个小时左右。抵达后，便马不停蹄地找人。当然，首先我饿得和渴得慌，先到一家小餐馆吃了一顿，再找人联络。第一次到亚罗士打，人生地不熟，但幸运地很快与当地人接上头，拉上了关系，而且有人竟热心送我到巴士站。这边人很友好，很善良，当然这可能是对外面来的人而言。我多次迷路，经常问路问人。不少时候，人们都热心开车送我到我要去的地方。我回去后，把这些情况告诉谢教授和师母，他们很吃惊，我也不知道为什么会这样，事后我想他们或许是担心我的个人安全吧。在家里，在国内，我脾气大，很执拗，受不了委屈。但在外面，我很谦顺，能屈能伸，事事为对方考虑，这样才能赢得别人的信任和支持，而没有顾虑。我尽量独立，尤其不让人感到负担，这样才能有利于我的研究工作。

我找到一位研究助手，他在 USM 临将毕业。这里毕业生每月大约 800 马币（约合人民币 2400 元），但高级专业技术人员工资很高，教授 1 万多马币，副教授 6000 多马币，差距很大。我支付给研究助手全职每月 650 马币（我的教授说太高了），我想帮帮人，这样他可以更好地为我高品质地工作。这里的一般食品 3 马币，只是水果还是很贵，不像荷兰，生活固定，可以敞开吃。这边，也吃得起，但是必须养成节省的习惯。不过，我嘴巴馋，出门在外营养方面是不会亏待自己的。

——1996 年 4 月 2 日，槟城

马来西亚，1996 年 4 月—

在马来西亚，我现在已经进入工作状态，每天疲于奔走。做研究是件很辛苦的事，不仅仅是坐在书房里关起门来做学问，而且是走向社会，走向档案馆，走向人民。现在，我唯一的希望是做好博士论文。如果能按预期目标完成，我自信到时在国外一家学术机构工作一年半载，把书在国外出版应该是没有问题的，因为我从事的研究课题，资料难度相当大，工作量重，学术界急于知道到底是怎么回事。

我研究的对象，大多是有名望、有钱的富裕家庭；这里有的人一家十几部汽车，有自己的运动场，吃饭时 3 个佣人伺候。上星期，一户人家请我到他家住一个晚上，方有体会。但我并不羡慕，人最重要的是有一份真诚的感情，一份生活的激情，包容各种各样的生活方式。不过，这些人虽然非常富有，但对我大多挺友好，挺善意的；而我呢，作为研究者，则不卑不亢，尽我自己的专业职责和原则操守。

槟城素有“东方明珠”之称，是一个放大的鼓浪屿，或者厦门岛。与厦门不同，这里是资本主义的，厦门是社会主义经济特区，否则根本看不出风格的差别。不像沙巴、沙捞越，别有一番风情。但这些现在我都没有兴趣去看，一心在进入研究角色。不过，我现在还未安顿下来，不能像往常那样锻炼身体，以后再看吧。

今天给家人写信，专门请托处理一件重要事情。在我读研究生时，我曾借了一位部队老乡一些钱，毕业留校后，我的床和桌子都是借钱买的。上次回厦门研究时，打听过他的地址，没有结果，可能转业了回老家宿松了。请我大学学友朱声乐同学帮忙打听。我实欠人家 300 元，加上几年利息，应该还 450 元足够。这是我心里最后的一项负担。

——1996 年 4 月 10 日，槟城

田野研究当然是很费力的，不仅是时间和体力的消耗，而且是智力判断上、精神上、心理上压力很大的事情。只是希望下次去吉打州档案馆查阅时，有新的突破性发现。

槟城 USM 谢文庆教授和师母对我很好，我暂时住在他家，等我到吉打研究时，再另找房子。这里学费贵得惊人。一般子弟读私立大学，一年至少 1 万马币（折合人民币约 3 万元），到外国读书更多，真不知道他们哪里有这么多钱。当然了，这些都是华人富家子弟；对教育投资，他们从不吝啬。父母立业之后，小孩的教育则是又一个接力。如果我将来有小孩，我觉得三件事最重要：身体、教育和品质，尤其是教育，将会是大投资。

这个月，谢教授和师母一块去美国夏威夷大学参加亚洲学会年会，导师希瑟也参会了。谢教授说，会议空隙他跟希瑟老师提起我的事，转告说希瑟老师对我的研究很满意（Heather is happy with my work），说我是一位很好的研究生。但是，我现在一点儿也不感到轻松。出来这么长时间了，总得有新的突破。我希望下面的几个月研究会有成效。我这人性急，既好，也不好。

——1996 年 4 月 19 日，槟城

我现在想开了，不要太担心未来，最重要的是生活，以及赖以

充实的工作。如果有一份工作可以做，还有什么不能满足的呢？年轻的时候，需要到外面闯荡，但闯荡的最终目标是寻找一个归宿。自从进大学之后，至今我游荡了 12 年，到时我会找一个地方安顿下来生活和工作。有一种没有自觉的可悲，是很多中国知识分子，为了生活，为了事业，而过度消耗，过早地离开了人世。这是不值得的，也是不正常的，是多年来来自社会和媒体虚伪宣传说教的结果。我希望我不会那样。真实地生活，珍惜生命和生活，才是正确的生活方式。也许我将来不很有名，也许我将来也不很富有，但我敢说，我经历过，我游历过，我体验过不同国家、不同社会、不同民族、不同文化的风情。我热爱过，真诚过，无论是对待家庭，对待工作，对待周围的人和事。我想，这就够了，足够了。

不要在乎别人怎么说，怎么议论。从小到大，自己受到的非议那么多，那么不公平，不还是过来了。有时候，能被人非议，是件好事，虽然不公平。我想起来就好笑，到今天，厦门大学那么多人都在传，吴小安多情和浪漫。但他们不知道的是，我严肃而真诚。

——1996 年 4 月 21 日，槟城

尽管是星期六，明天早晨，我得到 UTM 图书馆看微缩胶卷，一直到下午闭馆才会出来。

——1996 年 4 月 26 日，槟城

明天我又得从吉打州赶回槟城了，然后星期天再去吉隆坡。成

天奔走，如果有收获倒没什么事。下次度假时，我绝对什么事情也不做，就待着休整。

——1996 年 5 月 4 日，吉打州首府亚罗士打

槟城的小吃，在马来西亚是一流的，货真价实，多姿多彩。有椰子壳煲汤，有炒粿条，有瓦煲鸡饭，有叻沙汤面，有印度煎饼，有台湾小吃，等等。与广东、福建人不同，这里新加坡和马来西亚人都吃辣。当然了，这里的社会文化环境是与西欧不同的。钱多并一定幸福。这里有钱人，大多养小老婆，似乎成为一种文化，而且人们似乎引以为豪。我第一次见一位当地富商，人很善、很开放，中午他请我跟他女朋友（实际上小老婆）一起到餐馆吃饭，晚上则是在他家里跟他夫人就餐。在槟城，据我所知，20 世纪 50 年代初之前，华人一夫多妻是合法的，很普遍。不同于国内的“包二奶”，小老婆在当地似乎是社会性的契约文化。

昨天原本从槟城乘快车来吉隆坡，但等了 50 分钟后，结果快车取消，只好换乘另外一班车，到吉隆坡时已是 4 点 30 分左右。也许是从中国来马来西亚的人寥寥无几，也许是日本人太多，也许我的小平头与个头，每到一个地方，人们都以为我是日本人，包括当地华人，尤其是饭店和出租车司机，他们要价很凶。记得之前在英国作研究时，大英博物馆报纸图书馆前台保安都以为我是日本人，主动用日文与我打招呼。真倒霉！

到大学里已经是傍晚 6 点左右，到了 8 点钟，实在太累，连澡都没有洗便上床睡了，一直睡到第二天早晨 8 点。醒来的时候，恍

惚中记得昨晚做了一个梦。由于过去两个月里一直奔走，没有固定的生活，很匆忙，又没有休息，所以有点辛苦。想这两天休息一下，再继续工作。研究在慢慢开展，总会有所突破的，只要肯下功夫，花力气。当然身体第一，以后的路还很长。来到一个陌生的地方，人生地不熟，要生活，要工作，要一个人面对一切的人和事，自然很不容易。只有好好地做好研究，打好基础，将来才会站得住。

——1996 年 5 月 13 日，吉隆坡

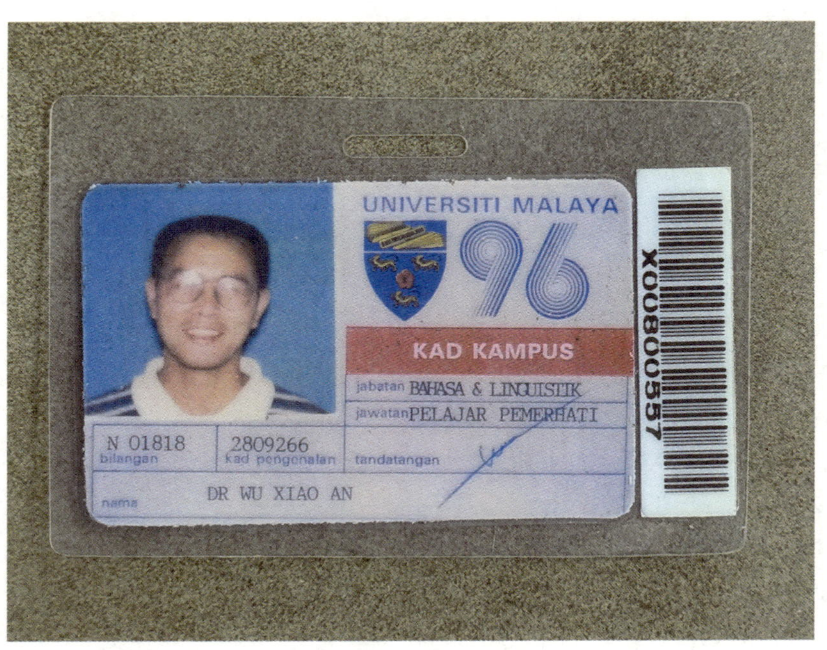

马来亚大学图书馆阅览证（1996 年）

吉隆坡交通像北京一样糟糕，一到下班时间人们便纷纷担心交通拥堵，因为大多数人都有自己的车辆，至少摩托。所以，公交车特别难，让我们这些外国人倒霉了。

要做的事很多。要向导师写信交代研究进展，要跟阿姆斯特丹研究院保持联系，要研究，要吃饭，要熟悉路线，要经常找房子住，要照顾好自己的身份证件和财物。想起来，从新加坡，到槟城，到吉打州首府亚罗士打，再到吉隆坡，每到一个新地方，就像新生那样惶恐，却没有新生入学时的那份新鲜和喜悦，没有家长们护送中的那份关怀，没有同学和老生那份款待，全由自己一人闯荡。这里可不是开玩笑，即使身体不舒服，还得撑着去做，不能耍脾气，因为直接后果是由自己来承担，这一点很清楚。

马来亚大学，男女比例失调，女生是男生的 3 倍，华人有入学限额，马来人居多。华人子弟多进私立学校，再去澳大利亚、美国、日本、英国等，当然，学费得由父母掏。所以，国内学生很幸福，不用缴多少学费，因而学不学，无所谓，反正损失不了多少。像新加坡，政府鼓励成功者，被淘汰的学生，将会面临被主流社会遗弃的可能。所以，学生压力很大，只有努力学习和工作。这当然也有不利的一面，即不利于学生们的健康成长。

——1996 年 5 月 14 日，吉隆坡

很怕听中国歌，因为容易激起一股乡愁；很想听中国歌，因为

那么亲切和令人鼓舞。

——1996 年 5 月 15 日，吉隆坡

昨天晚上，马来亚大学谢爱萍老师请我去她家吃饭，顺便跟德国汉学家傅吾康教授见见面。晚上回到马大第三学院住处，已经是 9 点钟。

吉隆坡这边公共交通很糟，马大校园离市区很远，交通很不方便。由于外来劳工多，据报道槟城上周在我离开之后，出现了一起霍乱疫情，有几万人感染，所以饮水要当心，尤其不要用冰块。同样，因为外来劳工多，社会治安环境不太好，这些劳工大多是从孟加拉国等地来的。由于马来西亚失业率是零，劳动力不够，他们大批引进外来劳工，造成严重社会问题。

——1996 年 5 月 19 日，吉隆坡

昨天，我研究的一位槟城家族在吉隆坡工作的公子开车带我看吉隆坡全景。之前，他带我去一家俱乐部游泳。我有五六年没有游泳了，很舒畅。然后，他开车带我在吉隆坡周围转了一遭。事后与他妈妈三人一道看了两场电影，并一起晚餐。事后，他们母子开车送我回马大第三学院，已经是深夜 12 点了。今天我自己与傅吾康教授在他住所有一场单独约见，并一起早餐。傅吾康教授谈了他已故合肥太太的一些事，并向我出示他准备出版的碑铭的书稿，抱怨找不到资助。

有时候，自己觉得太累、太急，因为任务重，研究难度、压力大，想毕业后找一所大学早点安顿下来，好好生活，教书育人。从初中二年级离家住校，到毕业时，我已经在外流浪二十多年了。但是，还得这么想，我很幸运，有这么多人帮我！我不抱怨，这是生活，得接受现实，然后寻找平衡点。有时候，很惊奇，我原本很脆弱，生命力却那么旺盛和顽强！长期一个人在荷兰、英国、中国南方、新加坡和马来西亚到处奔走！这辈子活着，当然是事后忆起，还真不赖!

刚刚给谢文庆教授打电话，他说，内政部回信给他，我的多次出入境签证已经批准了，我可以一年里自由出入马来西亚了。

——1996 年 5 月 26 日，吉隆坡

过几天，我得去槟城一趟，做一些别的事情。还得去新加坡把放在办公室的行李取回来。马大有两场讲座在等着我。马来文课程还没有着落，让我很心急！更重要的是研究得进一步展开。以上仅仅是社会与学术活动而已。

——1996 年 6 月 2 日，吉隆坡

任何东西都必须付出代价，包括情感的体验，遑论职业生涯。相信自己，相信自己的信念和生活准则。我从来不随大流，也不羡慕别人很有钱，很有权势。我只想过自己想过的生活。不俗、不空

虚、不出卖自己，但又不太贫困，这样便足以让我满足了。我讲过，我要努力写好这本书，然后通过它再到别的国家工作一两年，争取国外出版，然后回国教书育人。

明天又要去槟城，去取内政部的批件，谢教授怕邮寄时会丢了，让我亲自跑一趟。我坐晚上十点多的卧铺火车，第二天早晨到槟城。这样我可以顺便做一些口述历史和查阅其他的资料。之后，我还得抽空去新加坡，把行李取回来，不能多待，只能匆忙，没有办法。

收集资料的过程是件十分辛苦的事情，很难，像大海捞针，而你必须查阅一切资料。等到好不容易收集到许多材料后，你又得回到图书馆，结合理论动态和讨论，进行分析处理。做一个严谨的、高标准的学人，实际上是件很辛苦的事。只能每次走 20 分钟路赶公共汽车，早晚来回 40 分钟，算是锻炼身体了。

——1996 年 6 月 5 日晚，吉隆坡

今天是星期三。昨天晚上，从大学图书馆出来，买好电话卡，然后步行 5 里地去马大医院电话亭打电话，然而三部公共电话都出了毛病。从 7 点开始折腾，回到第三学院住处，已经是 9 点 30 分，都没有结果，然后再买了电话卡，打的士去马大医院才打通了电话，等走回第三学院，找个地方吃晚饭时已经是 10 点 30 分了。

现在我一直在说服自己做一个平凡而简单的人，不像以前，为了一个目标，可以不顾一切，甚至拼命。人说结婚之后，女人才会真正成熟起来，生活会慢慢让她懂得许多以前不懂的事。我也是如

此。出国之后，我才开始成熟起来，才意识到自己身上的义务和责任，于是不敢放肆，处处小心谨慎，开源节流，去面对作为一个独立单元的个体在家庭和社会里所承受的道德暨经济义务。

做一个平凡而简单的人，其实是很幸福的。当然，惟有经历、体验过许多之后，才会安于做一个平凡而简单的人。不要忘了生命，不要忘了生活，不要忘了家庭，不要忘了自然和纯朴的乡野和乡亲，更不要忘了因为这一切而拥有的幸福！说来不信，真的，我现在对繁华都市灯红酒绿的生活一点都不感冒！

——1996 年 7 月 10 日，吉隆坡

必须有应付突然而来变故的思想准备，从来就没有一帆风顺的事情。如果说，我现在很幸运，比一般同龄人更幸运，那是因为，我付出了比同龄人更多的代价和受过比同龄人更多的苦难，并依然在辛勤地付出和忙碌地耕耘！我从来没有大意过。

人是可塑的。但人的本质，却在青少年时期随着他出生的那一刻起，便慢慢铸就了，是不可塑的。人容易变坏，是可塑的；但想让恶劣的人变成品质优秀的人，却是万万不可塑的。从这种意义上，所以，有茫茫人海，终身寻找！彼此寻找自己的星座，这不是很幸福的事吗？为此受点苦，又算得了什么？我们有什么理由不让自己笑一笑呢？

——1996 年 7 月 12 日，吉隆坡

这个星期，每天工作起来都很有干劲，得把失去的时间补回来。我现在深深懂得，为什么老外每年必须要有两次个人出国休假了。有一大堆事情要做，要向荷兰提交研究报告，要跟马大交涉学马来文的事情，要给马大中文系学生做讲座。由于我是从中国来的，学马来文得马来西亚高教部批文。5 月中旬马大校方即提交申请，只有我一个外国人没有批下来，还在处理过程中。我每天都跟学校考试中心打听消息，都说必须等待。没有办法，只能自我安慰，尽力便是。星期一，再去语言学院，看看能否先旁听，边听边等批文。不然，我也一点法子也没有。研究工作在紧张进行。成天看档案、旧报纸，尽力搜集资料。研究，其实是一张白纸，正因为是空白，所以必须从头做起，一点一点地大浪淘沙、大海淘金，然后尽力呈现出一幅清晰和整体的图像。

我有时候小孩气、书生气可能较浓，个性较强，其实我是一个蛮讲道理的人，对就是对，错就是错，对规则和原则一点儿也不含糊。再有，这辈子也许我会努力生活和工作，但不会太辉煌、太显赫，我不在乎，也不想那样，尤其是经历了许多之后。我就做一个自由的人，与自然、与生活、与追求最贴近的人，去体验生命和生活中的许多有趣的方面，不会太在乎世俗的、社会的所谓功名利禄。

今年的感觉比以前好多了。如果身体还像欧洲那样，是无法适应长期在东南亚研究和生活的压力的。星期六下午，赶到新加坡，第二天又赶回来。没有休息，仅睡了 1 个小时，便到图书馆工作。一连几天下来，本来那种研究都是挺辛苦的，但还是能够适应得了。

——1996 年 7 月 13 日，吉隆坡

今天是星期天，马大图书馆照样开。本来想早晨 8 点赶过去，但实在很困，起不来（由于学生们太吵，很晚才睡）。9 点 30 分后赶去图书馆。星期天早晨，大学校园很多小吃店都关门，只好饿着肚皮。今天很不错，从 20 世纪 30 年代旧报纸里，找到了十多篇连续报道槟城—吉打—暹罗南部之间的走私网络，这也是我设法讨论的一个课题。中午的时候，出来想找个地方吃点什么，去平时吃饭的餐厅，也关门了。只好回来在图书馆附近的自动售货机买了一罐健怡可乐（Coke light），继续回图书馆干活，一直到下午 3 点 30 分为止，才到校外吃了一顿。

研究便是这样，有时候你看了许多档案，一点儿东西都找不到；有时候找到了，便十分兴奋，尤其研究庶民的历史，商业史，社会经济史，很多材料更是难找。所以，很多人去研究政治史、王朝兴衰史、国际关系史等。这是因为这些都有系统的文献档案可查，驾轻就熟；而一般地，庶民的历史，家族的历史等，则比较难了，特别是关联政治经济的框架与社会文化的背景。然而，这又是历史与社会一个非常重要的方面，无法回避。

有时候，对自己期望朴素一些，一步一步地来，不要什么都想要，这样会很满足和快乐的。在伦敦研究时，北京某医院一位年轻女大夫对我说，她曾带不满两岁的女儿逛商店，女儿要买一件玩具，她对女儿说，太贵，妈妈买不起，妈妈没有钱！虽然很心酸，然而挺令人深思的。这次回新加坡取东西，第二天去荷兰同学夫妇那里，我说我非常渴，才得到一杯茶水。我们聊了两个小时，然后我跟他们去超市，非常饿，我早餐都没有吃。在超市里，自己买了

马来西亚，1996 年 4 月—

一些回 ISEAS 办公室将就一下。我们是在阿姆斯特丹一起玩得非常不错的好朋友，我从马来西亚匆匆赶回新加坡，换了两趟巴士，赶到他们那里，却没有一点儿招待。外国人把钱袋捂得紧紧的，这是文化，有时候叫我不得不羡慕。之所以有如此感慨，是因为我花钱大手大脚惯了，对自己除外，对别人、对朋友，一向如此！

——1996 年 7 月 14 日，吉隆坡

从来没有这么深刻地怀念过故乡，眷念过家园。因为有家，才会那么思乡，那么深情。当万家灯火的时候，正是合家欢乐的时候；当夜深人静的时候，也正是天涯之外的游子最想家、最思念亲人的时候。

今天工作得很晚，9 点 30 分才从图书馆出来。十几个小时的微缩胶卷马不停蹄地研究，至此终于完成了全套到 1940 年为止英文报纸的研究。应该有 200 多盒吧，终于从头至尾每天每页自己都扫描浏览过，不提其他系列的官方档案与中文报刊，想想都后怕。是的，人需要有梦想和动力，这么长时间虽然觉得辛苦，但与伦敦研究时比，感觉好多了。那时在英国，一天工作下来，人像破碎的瓶子那样，随时会怕自己倒下了。现在与之前在荷兰与英国两年半比起来，觉得研究脉络越来越明确、越来越清晰，生活更加美好，活着真好！有一个健康的身体真好！努力专注工作、有进展真好！这是幸福的基础。有时人们期望于未来，以为将来会有的，但有些东西将来永远是不会有的，如果不持之以恒地行动的话。惟有脚

踏实地生活的人，才能真正创造浪漫和生活的色彩，才能脚踏实地拥抱梦想。

——1996 年 7 月 15 日，吉隆坡

今天傍晚我锻炼了，在大学校园里，沿着人行道又开始了停歇半年的慢跑。精神在锻炼完后，畅快淋漓。关于马来文注册上课一事，我已经跑了大学教务处 8 次催问。今天再去了，还是那么官僚。李锦兴（Lee Kam Hing）教授帮忙，我已经约好明天拜见历史系主任，看他能否帮我与校方疏通，不然，明天我亲自跑高教部一趟。反正自己尽力便是。虽然挺急的，但只要想尽办法，并补救之，我想便是足够了。这是我出国后学到的深刻信念，人是需要这么相信的。

我是一个很容易被鼓舞、被激发、被激励的人，尤其是精神上的、心灵上的；奋斗的心酸、泪水与喜悦，凡此种种，都让我心动，让我振作。我觉得，我工作是卖力气的，是吃苦的，是脚踏实地的，是诚实的，一般人是吃不了这苦的。一开始我知道，我研究工程量很大，很辛苦；但是如果努力了，并有些收获，不就可以自慰的吗？我有时候，甚至大多时候对自己太苛刻与苛求，想想，挺好，也挺不好。人，是需要对自己客观、公正些的；想想很多的人，走捷径，走马观花，却一直瞎吹不脸红，就可以告慰自己了。

坚持锻炼跑步与平衡，不仅是生活方式，也是工作方式。人释放汗水，会很舒畅；释放汗水，等于释放压力，释放废气，以

及补充新氧。

——1996 年 7 月 16 日，吉隆坡

今天是我人生经历中难以忘记的一天。昨天去大学考试处（exam point），那位注册主任助理马来女士叫我今天再去，但说只能等教育部公文。晚上有老师建议我说，找历史系主任也许有办法，他是正教授，有 Dato 贵族封衔，有名望。今天早晨赶到历史系，好不容易见到他，以荷兰导师希瑟名义请他帮助。他写好信，叫我去找语言学院院长。我跑到语言学院求见院长，同样有贵族封衔，也认识我荷兰导师。院长很忙，秘书说，先把信放下，下午再去找院办的人即可。然后，我又去考试处，那位主管说，她会把我的语言学习申请表传真给教育部，但说能否批准，无法保证。

中午，我回图书馆看了几个小时的档案，然后上班时间去语言学院。大概是院办主任，写了个便笺给我，叫我去找考试处的主管，嘱咐只找她便可。我又折回大学教务部，找到那位女主管。那位女士对我说，不要给她施加压力，没有办法，她只能照章行事；没有大学一级的正式批准信，语言学院是不能登记让我学习马来文的，而且我是持中国护照的，此种情况，没有先例可循，另需教育部特别批准。我只好又跑回语言学院，找到那位院办主任，解释情况，请求能否通融，先让我听课，再等教育部批文。那位女士说，不行的；没有办法，只能干等。

已经是下午 3 点 30 分了。什么办法都想过了，去考试处已不

下十来次。看来我马来文是无法学了，真的很丧气。这时，我突然想，再尽力试试。于是，立马跑到马路口，匆匆拦了一辆的士，直奔教育部，因为 4 点 15 分政府部门就下班。匆匆赶到教育部，又不熟悉办公大楼，急问路，一直冲到那里，已经是 3 点 45 分。见了两位官员后，好不容易见到主管领导，尽力跟他解释我的处境，并出示自己随身带的各种重要身份证明文件，请他理解。那位个头瘦高的马来高级官员，很通情达理，听后说，由于我是中国公民，必须经教育部批准才行，但批准程序需要好长时间，如果等批文，早黄了。最后，他终于帮了我的大忙，给我想了一个办法。说他给马大考试处主管女士打电话，然后对我说，可以了，不用担心，我可以上课了，说直接找原来的那位女主管即可。于是，我匆匆折回马大，想等到 5 点大学下班前拿到批准信，但那位女士说，明天再来拿。这时，我已经知道，费了九牛二虎之力，马来文学习注册终于成了！然后，自己去买了一罐冰镇健怡可乐，太渴了！

感触良多。以后，一定对自己的孩子说，他爸爸能有今天太不容易了，在外奋斗真不容易！在阿姆斯特丹，延期、申请博士奖学金，有人从中捣蛋，以及 NWO 评审推延，等等，让我艰难地度过了，成了。在马来西亚，为移民厅签证，来回跑槟城和吉隆坡之间，以后又为多重出入签证艰苦奔走，成了。这次，为学习马来文的事，奔走那么辛苦，又成了。不说为了出国，我花了多大力气，学校无缘无故把名额给了外系，没有给历史系，终于成了之后，又是边防、出境卡反复刁难，还有家里大哥的事情，也让我度过来了！回想起来，真的感慨万千。

马来西亚，1996 年 4 月—

从学院出来，又回图书馆看了 1 个小时档案，然后回宿舍换鞋，跑步去了。人处在困境，压力这么大，是不能垮下来的，必须坚持锻炼自己的身体。所以，这一天，很充实，很有感触。中文系谢爱萍老师说，她就看好我这股拼劲，动用了那么多人和资源都不行，而最后竟然成了，让她高兴。槟城谢文庆老师听了之后，也非常高兴。在海外，做外国人，尤其是做中国人，真辛苦！

——1996 年 7 月 17 日，吉隆坡

我曾特地买过一个很灵巧的小闹钟，很珍惜。记得 1994 年 5 月下旬，结束第一次五个星期的英国试点图书馆与档案研究回阿姆斯特丹后，人感觉非常疲劳。从 1993 年 9 月出国以来，一刻都没有休息过。为了奖学金，为了争取 10 个月访问学者结束后延期留下来，为了赢得指导教授的青睐而加倍努力；为了这一切，精神压力更大。回来后，导师叮嘱我，休息三个星期，养精蓄锐，什么也不干；然后，集中心思撰写课题申请书，向 NWO 申请博士研究奖学金。那时，我才认真地考虑锻炼身体，人可不能垮了；一旦身体生病，一切都完了。所以，特地去住所附近的宜家买了一个小闹钟，早晨起来跑步，一直坚持到 9 月底课题申请书提交之后为止。

第二次去英国，同样辛苦，也是第二天便开始坚持每天早晨起来跑步。上个星期二，在马来西亚，由于各种事情较多，压力大，也开始锻炼身体，已经坚持 6 天了。这个小闹钟，在阿姆斯特丹随

我搬家四五次，然后到英国、福建、广东、北京、安徽、新加坡、吉隆坡、槟城和吉打州等许多地方。这个小闹钟，不只是小闹钟而已，我特别有感情，特别珍惜。今天我知道，小闹钟丢了。怎么丢的，我不知道；我很伤心，我却知道。

上次为了田野调查研究经费预算的事，我写信回荷兰。我以为我的研究预算可能会削减，理直气壮地抱怨了一通。说我从吉隆坡回新加坡取行李时，当晚就睡在我在 ISEAS 的办公室桌子上；每次从槟城到吉隆坡坐火车 8 小时，都是在火车上睡；自己吃了不少苦头！我还特地打电话给阿姆斯特丹研究院执行院长告知我在东南亚的情况。导师非常友善，电话里特地告诉我，我的研究预算目前没有问题！请我不要努力省钱，让自己遭罪！听后，我非常感动，为自己有这么一位好导师，也为研究院一直在设法为自己提供最大支持而开心！

——1996 年 7 月 21 日，吉隆坡

前几天，生了一场小病，躺了两天，但没有耽误语言课；只是不舒服，并有些发烧。现在好多了，没事。所以，锻炼身体，非常重要，否则不能适应长久的生活与工作压力。为了一个博士学位，人要至少辛苦五六年，一直在高度压力和紧张中生活。哎，真不容易！

我们这帮留学生，在国外谋生很困难，适应一份新的工作生活环境不容易。但将来回国时，情况可能比国外更困难！不仅来自身

的价值与行为准则的改变，而且来自周围环境对你的一种不同于他人的挑剔与苛求，以及某种隔阂，莫名其妙的隔阂。很羡慕，好多人，为了生活，为了热爱，到落后、贫困、朴实的地方去默默地工作与奉献，虽然平淡，虽然远离灯红酒绿，虽然远离中心，但却是清醒、自觉、真实的生命，真实的生活和真实的人！

一个幸福、稳定的家庭与事业，必须至少拥有两大条件：其一，事业经济条件；其二，品性稳健、心态成熟。一方面，没有事业经济实力，什么事都做不成，什么人都躲着你，都怕帮你。这种日子，还能有心情享受生活，享受精神上的充实和乐趣吗？另一方面，假使一个人，不知道自己一生中到底需要什么，到底什么东西最重要、最真实、最持久，假使人随时见到好的东西，都不切实际地想占有，想得到，而不考虑将来漫长的生活，以及种种其他因素，那么，这种人还能够拥有幸福，拥有温馨、稳定和睦的家庭和事业吗？所以，凡事有因果，一切咎由自取，是挺对的！谁都傻过，都有过挫折与教训，汲取之，才是智者！我相信。

所以，人，有时候，不必太在意某些东西，不必太在意生活中暂时的不顺利与挫折！只要想一想，我们拥有生活中最重要的东西，我们拥有许多人所不能拥有的东西；退一步，只要想一想，世界上有那么多的残疾、弱智，有那么多的破碎家庭，有那么多无家可归的人，有那么多走投无路、在同生活做最后挣扎的人，有那么多被迫铤而走险，甚至犯罪的人，有那么多被迫失去健康和无法享受正常生活乐趣的人……想一想这些，我们拥有健康的体魄与真诚的情感，就应该激动、感动、骄傲！

火山之所以爆发，是因为沉睡太久；相逢之所以喜悦，是因为分别太久；佳酿之所以醇香，是因为酝酿很久。在憧憬，在怀念；为了那么一天，会有那么一天。我相信。

——1996 年 7 月 27 日，吉隆坡

我会努力的，只是有时候，太辛苦，研究难度大，以及资料很难发掘，所以有些丧气。这很正常。在一切研究活动中，总会有苦闷、焦虑和困惑的时候。早一点苦闷，让自己更能轻松些。

在看资料的过程中，别忘了随时做些摘要。有想法的时候，别忘了随时记下来。即使很幼稚，很肤浅，也不要紧。没有一种思想是完美的，学术之所以是学术，是因为它需要批评，需要改造，需要完善。

其实，社会科学与自然科学一样，都是一份探索。首先是对资料的探索，因为现实中没有现成的，你得鉴别，得找寻；然后才是对真理的探索。并非就事论事。任何人都可以有自己的主张和理论，那实际是一份朴素的认识，很感性的东西。科学家之所以不同，在于他/她必须超越自己的局限，虽然可能永远无法超越，但必须努力超越。

这两个礼拜天，马大历史系李锦兴教授每次开车来马大接我去教堂做礼拜。人类需要自省，需要感恩，需要爱，需要道德约束。尤其是教会音乐，更迷人。在阿姆斯特丹时，很多留学生不时去教堂，我从来没有去。在马来西亚，则不同，这是我的研究田野，

我需要了解方方面面。李教授对我的研究很感兴趣，又是我在荷兰和槟城导师的朋友，很谈得来。物以类聚，人以群分。更广泛的意义上，人类的交往都存在一个功利和价值判断的问题。只有互惠，彼此有益，有共同的需要，才会走到一起。以前，我很意气用事，对社会交往有意排斥，这是不对的。当然，人，不应该锋芒毕露，至少在不太强大的时候，那很危险，谁都会提防着你。应该尽量谦和和平衡。当然，做到这一点，很困难。

锻炼身体很重要，没有一个健康的体魄，便不会有一份健康的生活，请注意。中国女排虽然输给了古巴，很可惜，但毕竟得了银牌。没有谁永远是冠军。

——1996 年 8 月 4 日，吉隆坡

我一直很坦率，天生的，改不了的毛病。因而，我很讨厌虚伪与不真诚的东西。做人很真实，一直是我的原则。做真实的人，有什么不好呢？

很多人羡慕我的研究机会，不仅国内，国外也是如此。但这不是凭空而来的，我努力过，我值得这份待遇；而且正在为此一直承受工作的压力，为此而努力工作；这可不是轻松的活儿，更不是忽悠。人们经常羡慕美好的东西，但是很多人却忘了美好背后的东西。我需要反复告诫自己，努力工作便是了。努力锻炼身体，不要生病；不要染上热带传染病，不喝加冰的饮料。我不要求别

的，只求家里能理解我，能让我自由自在地飞翔，能轻轻松松地奋斗。

我的一个最大缺点也是最大优点，在于我从不在乎别人怎么说我，从不在乎那份沉重的、虚伪的道德说教。我有自己的原则，有自己的道德操守与做人底线。这就够了。一个对生活感触不深的人，一个对生活理解不深刻的人，一个没有经历过世态炎凉与社会磨难的人，是不会感激生活的，是不会珍惜现有一切的，也最终是不会把握生活的。相反，一个经历了这一切，却又没有被生活击垮，没有被社会同流合污，而依然想过清纯、高尚，有热爱、有追求、有真诚的生活，想一想，如果能够这样，这是一项多么不平凡的事业呀！如果说，生活的每天都是战斗，生活的本身便是承受，那么，其中又包含着多少诱惑，多少污染，多少生老病死和悲欢离合啊？即便如此，假使在其中，依然拥有一份追求，拥有一份美好的心情去创造，去热爱，去感受，那该是多么不容易呀！那么，为什么不把眼光放长远一些，放前一些，朝积极的、健康的和主要的方向努力与思考呢？多观察，多比较，多鉴别，这样自己所拥有的一切，以及自己应该做的一切，便有了根据，有了教训，有了榜样。

一直奔跑着，越过生活一级又一级台阶，有时连我都感到沉重。不要心急，美酒不是一天便会酿造出来的；酒陈日新，生活的阅历，会慢慢让自己感受到，这其实是一道风景，能否品味与品味的效果如何，全靠自己。生活没有一定的程式，怎样生活，也全靠自己。你不能同时拥有这一切，你不能同时得到这一切。这

马来西亚，1996 年 4 月—

便是生活的法则。

——1996 年 8 月 7 日，吉隆坡

我一直在奔跑，有时候急得睡不着。

国外这些年的生活，给我深刻锻炼和教训的，便是好好算计自己的开销。有钱的时候，生活不愁的时候，思考并践行这个原则，说明我能过艰苦的生活；否则，真正缺钱、生活困难的时候，再补救就太晚。惟有靠自己劳动得来的东西，我才可以心安理得地享受；我可以付出，可以给予，但我不能无功受禄。很多人，之所以失足和犯错误，就是因为这种心理作怪。这一直是我的原则。

——1996 年 8 月 8 日，吉隆坡

刚刚回到吉隆坡。最近，的确很忙。要向荷兰方面交 19 个月的研究报告，要报销在中国、新加坡和马来西亚各地调研的费用，要做研究，等等，让人很急。但急是没有用的，慢慢来，一件件地做便是了。这里的学人，急于要早日看到我的研究成果，建议早日整理出一篇发表。不像国内，文科论文发表很多，大多豆腐块。在国外，只要在权威学刊发表三四篇论文，即可奠定自己在学界的地位。因为研究是填补空白的，实打实的，这样才算研究，否则空发议论，没有新东西，是没有什么用的。只希望我能够顺利完成博士学位，将来找一家西方大学出版社或新加坡大学出版社，就有所交代。

不过，路还很长，得小心，保重好身体，脚踏实地，急不得的。希望我能够实现这个初步的计划。有时候，大多数时候，自己书生气太浓了，对什么事总看得那么认真。这是缺点，也是优点。

——1996 年 8 月 21 日晚，吉隆坡

目前中国社会那么乱，道德价值观正在崩溃，整个社会没有一个向上的、合理的价值体系来规范、调整各种关系与行为。我很担心。只希望自己小心些，当心些，不要误入那里的泥潭。在这个变化多舛、复杂危险的社会，做个正直、善良、自由而向上的人，不容易，但我们还是要努力的。人是不同的。有很多人天性善于欺骗撒谎，而且不脸红、不内疚；有很多人容易受诱惑、被欺骗，但从不检讨和汲取教训；这一切归因于人格修养和做人的基本准则的差异。我只想自己有一片碧蓝的天空，有一块没被污染、糟蹋的土地。

今天去教堂。事后一位朋友跟我去书店。他说，上星期看到一本好书，17 马币，他舍不得买。今天想去再瞧一下。他说，做单身汉，可以不管三七二十一，没有关系；有家室之后，一切得考虑清楚再买。那位朋友有 3 个小孩，收入应该是不菲的。可是，书却已卖完了。我很受教。

——1996 年 8 月 25 日，吉隆坡

清楚地记得第一年（1993 年）在阿姆斯特丹时，有那么一首歌，很令我心动。在国内做学生时，忧伤的、感伤的曲子和作品，总会引

起我的共鸣。现在心情变了，（自己）一直向往和喜欢明快、向上和振奋的东西。那才给人以力量和鼓舞，给人以联想、安慰、平静，却不失憧憬；更重要的是，给人一种积极向上、充实追求的生命的意义，以及在追求人格完善、战胜自我、克服挫折后的安慰。一切都在其中得到了共鸣、印证和升华。那首歌是布莱恩·亚当斯（Byran Adams）演唱的《请原谅我》（*Please Forgive Me*）。很不错的，我总喜欢在旋律的气氛中生活。

——1996 年 8 月 27 日，吉隆坡

最近事情多。要向阿姆斯特丹社会科学研究院提交出来快一年的财务报告，更重要的是，要提交读博第 19 个月研究工作进展报告，这是考核程序，需要委员会审核通过的，不能马虎。虽然有时候被工作压得喘不过气，但自己的情绪始终是正常的，是乐观向上的。不能否认，我们也是人，有脆弱的地方，更有脆弱的时候，很正常。始终不要忘记生活。人们之所以工作，既是责任，更是为了生活更充实、更美好。但是，工作并不能代替生活，是不是？

——1996 年 8 月 30 日，吉隆坡

今天跟一位美国教授谈了几个小时，她是人类学家，回老家吉隆坡探亲。知识的生产，也越来越资本主义化了。

你好吗，朋友？什么是成家？那便是长大以后，即使再远、再

忙，即使不会、也不可能会天天想着父母与朋友，却绝不会不想着自己的爱人和孩子。你好吗，朋友！

——1996年9月5日，吉隆坡

今天我很高兴，本来有点不舒服。星期天早晨9点便匆匆与我的研究助手共同研讨吉打苏丹通信集。4个小时后，匆匆赶回。由于12点50分，我与另一位研究助理有约，请一位同学翻译吉打州档案，在印度人开的杂货店里买了一点面包，回来啃了一下，稍作休息，便赶着赴约了。

走到半途，突然想起摸钱包，钱包不见了，心一愣！赶紧跑回宿舍，没找着；到第三学院我刚坐过的地方，没有；到印度人的杂货店打听，也没有！真是绝望极了！那里面有我的研究许可证、银行卡、图书馆证，钱倒事小；若丢了，真的不知怎么办才好！绝望中，再折回宿舍，再寻找，原来钱包藏在自己床上某个角落里！失而复得的东西！我发现，我竟找回了一份好心情！有时候，人在想不开的时候，从对立面意义上，从反面意义，去发掘生活中闪光的、幸福的东西，去看待生活中平淡无奇的方面，你会有一份截然不同的心情，新鲜的东西!

最近为了交第19个月的研究报告，作息被搞得很不规律。财务报告总算挂号寄回荷兰，A4纸正反面票据贴满了，有100多页，每一个项目都有账目统计，总算告一段落。哎，研究便是这样。时常想起小时候经常向人借盐、食油和灯油用，那段生活现在回想起

马来西亚，1996 年 4 月—

来，却很有滋味呢！居然！我想，我小时候的同学，依然在那块土地上耕作的人们，是不是也有我这样的心情，虽然是同样的事情。

——1996 年 9 月 8 日，吉隆坡

有很多人说我书生气很浓，但在阿姆斯特丹，与外交部进修的好朋友魏瑞兴谈心时他曾亲口说我城府很深（very sophisticated），当时听后我心里暗暗吃惊。其实，在这个世界中，保留着一份单纯的品质和愿望，同时不被世俗社会所摧毁和格格不入，是不容易的。这是悲剧的根源所在。这是一个漫长的过程，即使在上大学、读研究生，乃至刚毕业的时候，我都非常自卑。这是源自自身家庭、社会、经济环境的正常反应。现在越来越成熟了，但对自己的要求和判断标准也相应提高了。

——1996 年 9 月 9 日，吉隆坡

时常在想，假使我们能够怀有一份同样期待的心情，盼望生活中某一个特定的时刻，或特定事情的来临，比如节日、探亲、访友，或者看一场好电影、精彩的音乐会，等等，那该有多美好！爱人和家永远是对方生活中的用心和整个生命来默默谈话的对手，无论彼此相隔有多么遥远。

——1996 年 9 月 18 日，吉隆坡

今天我大出血，去吉隆坡市中心买了一台随身听，四个充电电池和一个充电器，一条短裤，两袋水果，一个闹钟。对了，还买了一个双肩包。只是在超市看到那么多好鱼，新鲜又名贵，同时又不太贵，心里很不是滋味，没有条件买回来自己煮着吃。如果是在阿姆斯特丹，我一定会大饱口福的，有好长时间没有采购了。在阿姆斯特丹，每周至少一次周末采购。其实，在超市和自由市场，买菜和购物，蛮有意思的，既有生活情趣，又能调节、放松和平衡自己。这其实是我在马来西亚最大一次采购。想改变自己，努力使自己过得健康、平衡和有规律。有一段时间没有锻炼了，我想重新开始坚持健身。

——1996 年 9 月 21 日，吉隆坡

研究报告交上去了，我真不喜欢这种应付官僚的事情，因为这些报告写作会转移自己研究的注意力的。但这是学术管理，必须认真，终于过去了。财务报告，上次搞得我很头痛，仅发票，贴在 A4 的纸上就 100 多页，双面，还得分类，每一类计算总额（这是我在阿姆斯特丹社会科学研究院报销时，财务有一次好心当面给我示范的）。

导师希瑟真不赖，想不到她真心细，这在西方学者中是很少见的，我只有努力工作便是了。研究前一段时间有些进展，完成了一个案例研究资料收集后，又面临新的问题，需要重新挖掘新的领域。这便是研究、拓荒。你必须经常反省自己研究的视角与方向以及其他的重要问题，不能走死胡同。一个问题，可以从不同角度、

不同方面来考察。至少可以说，作为研究者，我很认真、诚信和有担当。这种品质，对学人非常重要。遗憾的是，不少人是想走捷径，蜻蜓点水。由于尽量自立，不给别人添麻烦，同时努力工作，那里的学人对我的印象都不错。目前，从事人文社会科学研究的，真正认真、负责和有献身精神的人，在所有地方都是不多的。

保重身体很重要。人，不能一直奔跑，需要休息。这是我的体会。

——1996 年 9 月 25 日，吉隆坡

我在紧张的时候，吃的总是最好的，从不会舍不得在这方面的花费。在困难面前，我还从来没有脆弱过；一个人的时候，从没有哭过，除了感动和释然。在国外，即使没有一个熟人，照样生活与工作，照样会好好照顾自己。研究过程，首先是理论框架与方向性问题意识论证，然后是资料收集过程，最后才是处理、分析和结果。这是训练，不能跳过任何环节。研究在慢慢进展。我常想，这辈子能有此机会做学问，不枉一生，真是幸运。

——1996 年 9 月 30 日，吉隆坡

每个人在研究中都会经历过苦闷、绝望、危机的日子。在工作的时候，效率最重要。人在专注某一件事情时，在占有资料的情况下，思考的时间比较多，往往会感到心很累，不是身体的累。所

以，需要始终注意锻炼、休息和调节的关系。

生活中，不能两全的事很多，拥有最重要的便够了。接受，容忍，承受，然后期待，适应，是最好的办法。真的，想起来，连我都吃惊，自己怎么会单枪匹马在一个陌生的环境下工作、生活这么久！也许是习惯了，也许是人生信念，也许是有研究这些最重要的东西做支撑。最近，我很想休假一段时间。我现在很赞成老外度假的习惯。人，工作久了，需要新的活力，需要找一个清静的、全然不同的环境休息和调整，否则，会太烦乏，没有进取、冲劲和创造灵感。

——1996 年 10 月 5 日，吉隆坡

今天是星期天。本来跟李教授约好，早 8 点 30 分在第三学院大门口见面，每次都是他开车来接我去教堂。但是，不小心早晨起来，已经是 8 点 40 分，闹钟忘了闹，一查原来并没有按上 on 键，虽然记得睡前我检查过。我从来没有失约过，事后李教授也以为很反常，因为我一直很守信。我知道情况可能很严重，失约，而且并未事先打招呼取消和解释原因，是一件非常不礼貌的事。所以，起来后，匆匆洗完澡，叫上一辆出租车去教堂，这时偏偏我不记得教堂的地址，最后反复问路，才找到。这样，才算有个交代和解释。

昨天收到荷兰的一份传真，研究院在等我新的研究预算的回信，让我很恼火，从心里憎恨这种官僚作风。事后，得知也是为了

我好。晚上打电话给阿姆斯特丹导师希瑟，她安慰我，仅仅是行政管理（bureaucratic）程序，我只要给研究院发一份传真，提交新的研究预算即可。希瑟老师说，她也会同时提醒研究院秘书处的。我又问及我的第 19 个月的研究报告是否通过，她说，没有问题的，认为我表现很出色（doing very well），终于放下心了。之前，我人是又急、又气、又恼火，恨不得像打官司般抗议一通。事后想，其实，这应该是自己长期受官僚体制影响的一种文化阴影作怪。还是希瑟老师好，总是令我心里踏实！当然，我也不能滥用导师对我这份工作关系的信任，必须清楚自己应该做什么，不应该做什么，履行自己的研究职责，否则没有人会永远支持你。

槟城谢教授一直催我修改自己的英文论文，争取年内在皇家亚洲学会马来西亚分会会刊（*Journal of the Malaysian Branch of the Royal Asiatic Society*，JMBRAS）发表。在国外发表一篇研究论文不容易，必须是实打实的、真正的研究。我知道还得做很多情景化历史还原和概念化分析的工作。希瑟老师也说，目前我应该集中精力于资料收集上。但是，没法，答应谢教授的事，只能兑现，但愿自己过了两个月后，会有所突破。人不能始终给自己压力太大，否则会出问题的。只能说，自己会努力认真写好这本书，按时拿到博士学位，并争取在国外一家学术出版社出版，这样我便有所交代。然后，想休整一段日子，并加紧学习其他方面的东西。

前几天，同一栋楼两位马大学生半夜敲门，说他们很苦闷，来大学好几个月了，新鲜劲过了。看大家都朝钱看，物欲横流，自己失去了方向感，很迷茫，又不甘心。加上自己的惰性、外界的诱惑和年纪轻轻缺乏定力，所以一直在挣扎。平时我没空跟他们交往，见他们对我如此信任，很感动。晚上我跟他们一起聊了很长一段时间。

每个人都会有脆弱的地方和脆弱的时候，因而，再坚强的人，都渴望得到安慰、理解、友谊和爱。这大概是规律，也是原则。我常常对自己说，来马来西亚近 7 个月，在各处转，忙于生活、研究以及其他事情，没出现大意外，自己挺了过来，研究虽然难度大，但一步一步地开展，至少我尽力了，很欣慰。能够健康、平安地活着，然后努力地工作，才是最大的收获。

晚上听收音机时，有一个节目叫分享快乐。有一位女士，她先生在外国工作两年，很少打电话回来，她很痛苦。那天，她先生打电话给她，她真的很快乐。所以，她致电电台，跟大家分享。其实，生活里有很多别人的难以理解的方面。由于很多人专业技能不高，在国外谋生，只能是在最底层挣扎。这份辛酸，他家里人未必能理解，也不可能了解。还有，这种人大多跟黑社会有关联，受其操纵，误交损友，更是难以说得清。所以，自己很庆幸，有这个很好的机会和条件从事研究，更让自己懂得该追求什么样的生活和做什么样的人。出门在外，处处有陷阱，一不小心便毁了。所以，我们这种人，必须始终谨慎小心，退一步便是万丈深渊。没有感触和体验，是无法领悟的。

在研究过程中，还是老话，集中精力认真做一件事，持续下去，总会有头绪和眉目的。但是，同时必须记住，要有调节，要锻炼身体，释放压力和废气，加强营养，这样才不至于让自己的工作

马来西亚，1996 年 4 月—

脱节，否则，人倒下了，生病了，一切都是白费。

——1996 年 10 月 13 日，吉隆坡

最近，精神很疲劳，所以情绪有点不稳定，不过，很正常。由于一直在反思研究中已经收集到的东西和今后应该重点突破哪些方面等，所以，有些苦闷。

大致总结起来，研究中，在收集资料时，心里始终谨记自己的研究主题；资料的收集不是杂乱无章的，而是有序的；资料收集后，必须当然分门别类地，根据不同的小主题整理出一个头绪。其他的，若不重要，便只要浏览一下，即可放过，不要纠缠，否则永远跳不出研究的泥潭，永远完不成研究任务。所以，人们说，有了问题，带着问题去研究，便是这种道理，否则始终转不出来。为了确定一个基本的主题，首先对自己研究的动态必须有一个总体的把握，对你的材料需要泛读，需要快速阅读；等大致主题与问题细化明确后，然后精读，这便是研究的基本。这一步完工后，再反省和回顾，从头至尾把整部著作浏览（快速地），以便加深总体的印象和把握。等把基本材料提炼出来，归类、汇总，便是集中专注对材料的分析和处理的过程。不够的背景和其他材料，以后再慢慢寻找。这是任何研究的基本框架和方针步骤。否则，研究不仅费时、费神和费劲，而且劳而无功，很难走出资料的大海。需要始终审问：我想解决什么问题？什么样的材料可以帮助我回答这些问题？这便是泛读定题与精读、收集资料和分析处理的两个重要阶段。

昨天给远在美国的厦大哥们肖云打电话，他不在，金琳接的；在厦大，我们同年入职，他海洋系，但住一栋楼，一起上托福班认识的。他们都挺好，肖云转化学系读博士，免学费，每月 400—500 美元奖学金，在美国够不错的了。金琳在读地理系硕士，明年毕业。生活只是过程，在什么地方并不重要，重要的是生活必须体面和感觉好。从这点上说，很为他们高兴。他们说，等我回阿姆斯特丹后，到荷兰来旅行。他们已经办理了加拿大绿卡，托律师办理的，四五千美元即可，并劝我也办一个。老实说，其实绿卡与否，对我而言，吸引力并不大。重要的是必须有一份正式的工作。

——1996 年 10 月 22 日，吉隆坡

今天下午 4 点 30 分左右，从档案馆出来直接回宿舍。跑了这么多路，一个强烈的感觉是，要跟自己的信念走，做自己想做的人，过自己想过的生活，诚实、守法、谨行、勤劳工作，最重要。目前许多国家，道德价值观念堕落，物欲、肉欲、权欲横流。人们在商业社会、金钱社会的冲击下，越来越抱怨生活和工作的压力与快节奏，越来越觉得幸福难以寻找。其实，这是一种很愚昧的行为，也是很正常的现象。所以，保持自己的信念和信心，非常重要。

应该说，按照我目前的条件状态，我完全可以有能力过得更安逸些、享乐些。但是，这毕竟不是我要追求的生活。在英国，我研究省下的钱，帮助我二哥建了房子；在中国，我省下的钱用于我在国内探亲的开销、接济亲友与人际关系。这其实是一桩有价值、有意义的行

马来西亚，1996 年 4 月—

为。当然，对生活品质，对身体、营养，我一直很注意，每天在坚持跑步，吃饭保持蔬菜与蛋白营养均衡。这个“本”永远不能丢。

研究过程中，资料收集与文献阅读既相互关联，又是不同处理视角的。在文献阅读中，你是在研究，不是像读小说似的被人牵着鼻子走，而要走出来。该你关注的，停下来钻研；了解之后，不相关的，不要纠缠，而要咬定目标不放继续探索。否则，平均用力，很累人，而且不见成效。有了想法之后，要赶紧写下来，逐渐积累，慢慢地便成为连贯的思想和论点了。

——1996 年 10 月 23 日，吉隆坡

人，需要社会和人生的经历和体验；但最重要的是，在经验中、过程中，不应该改变自己的追求，更不要因为生活的复杂和无情，让自己不相信和绝望。反过来，这份经历又是必须的，这样才会真正懂得，什么是最重要的，什么是自己应该追求的，什么是自己应该珍惜和努力经营的。世界这么大，我们想要的东西又那么多，必须懂得平衡，才不会失去生命中最重要的东西：爱、健康和生活。

人，在最困难、压力最大的时候，最渴望亲人的爱、支持和鼓励，而一旦这份东西，离他越来越遥远时，事物的变数随时都有可能发生。人们之所以能够经受考验，是因为他们相信，这只是暂时的，咬咬牙就会过去。但是，在漫长的期待里，生活的内容和变化随时会有发生，谁都不能保证。每个人都清楚，这种游戏的后果，但不少人还是去冒险了。他们这么做，除了想当然地以为只要天知

地知之外，其中很多是自暴自弃，已经对信念发生怀疑和动摇，所以明明知道结果是惨，却不在乎；其中有的人，便开始新的寻找，寻找新的、现实的，同样是真诚的生活。这种情况，出发点是好的，5%的人，找到了新的真诚和真谛；95%的人，最后发现，原本是一厢情愿的希望，是自己骗自己的把戏。

我现在认为，经过这么多年的生活之后，生命是一个过程，是一份体验，是一次经历。生命最本质的内容和意义在于：健康、爱和生活。其他的，无论多么显赫和富贵，都是空的，都不能代替以上的东西。每个人必须根据自身的条件和能力，对自己的追求和期望做出相应的评估和选择。这样，才不会失望和失去平衡与重心。

——1996 年 10 月 28 日匆匆，吉隆坡

很想把这里的火热和阳光送给正在渐渐变冷的那里。

——1996 年 11 月 13 日，吉隆坡

太太办理来马来西亚探亲签证一事已经有眉目了。我原来的担保合作导师住槟城，吉隆坡的移民厅要担保人面谈，当然不方便让他大老远跑五六百里地过来一趟。所以，我找马大李教授，他爽快地答应了。但我自己必须回首相署修改邀请函。还好，我很幸运，起初首相署 EPU 负责我的专案的廖胜安特别好，对我很热心帮助，应该不会有问题的。今晚给李教授打电话，向他解释此事。因为移

民厅规定，邀请中国公民来马来西亚探亲，必须有马来西亚公民做担保人，需要提交身份证复印件，并且面谈，包括工作、薪水，以及缴纳印花税和 1500 马币押金，等等，很严格的。

有时候，觉得自己一直过得太紧张、太辛苦。也许我的命就是这样的。真的，有时候，好想自己轻松轻松。抱怨归抱怨，不过，自己还是清醒的。无论什么时候，对研究，我都是不敢大意的。记住一点，人生是一份经历和过程，这时候想的，并非将来想的。很多人中年早逝，百病缠身，很悲哀。成功不是件容易的事，除了努力和勤奋，更多时候靠天分和机遇。很多人一辈子劳碌，可就是一辈子默默无闻，但很平安！很多人功成名就，腰缠万贯，但最后却患上绝症，失去了健康！很多人一直向前冲刺，越往上走，路越宽，但自己生活的选择却越来越窄。上帝不会给人想要的一切！没有什么事是十全十美的！但是，健康、平安和生活，始终是最重要的！如果没有了这些，什么都没有意义了。

——1996 年 11 月 18 日，吉隆坡

对自然与质朴风情的向往，应该是人们纷纷想挣脱现代都市生活的繁杂的一个主要因素。在大自然里，在质朴的土著乡村生活和居民中，比在现代都市会感受到更真实、轻松和善意的气氛。沙捞越便是这样，只是没有机会造访，遗憾。现在我懂了，很多时候是不能急的和不能超越的，包括对生命的感受。

——1996 年 11 月 19 日，吉隆坡

从去年7月1日去伦敦到今天，快一年半了，一直在外面游荡，人也快疲了。还有6个月的时间，艰苦的田野调查便可结束了。想想研究其实真的很辛苦！

——1996年11月21日，吉隆坡

近一段时间以来，我一直在努力反省，走出低谷，适应新的过程，生活的、工作的和家庭的。有时候想，生命的过程中，很多时候，是不能有太多的期望的，只要有一点新奇、惊喜、快乐的时刻，便应该感恩、满足和幸福。面对生活的困难、失意和挫折，惟有接受它、正视它和忍受它，才能度过困难，步入另一种风景和跨入另一层心境。不能忍受，期望那无谓的将来，并被动地等待，只能会永远重蹈覆辙。

最近，为申请我太太来马来西亚探亲一事大费周折。上周一清早，跑到首相署办理手续，然后去内政部，再到移民厅。但是规定说，这份申请需要我的担保人来吉隆坡面谈。所以，我找马来亚大学历史系李教授帮忙。做担保人是要担当风险的，还好，李教授很乐意帮忙。第二天，我又跑首相署，重改邀请函，换担保人。我一直在努力、全力地办理此事。在国外，我很快学会了做任何事的计划性，提早计划与准备的重要性。我回荷兰的签证也是这样的，都得自己事先计划好，然后知会阿姆斯特丹大学的研究院，让他们办理，必须在5个月前就要计划才行。否则，到时会无法按期顺利执行下一步计划的，包括在阿姆斯特丹租房子、研究院重新给我分配办公室等。在国外，大家做事，都必须事先规划，否则到时瞎忙乎、瞎嚷嚷，都没有用的。

——1996 年 11 月 24 日，吉隆坡

我要再去吉打州做研究了，12 月初去，等把太太探亲签证手续办完就走；一个月后，如果批准，再回来自己办理交纳押金等事宜。

——1996 年 11 月 25 日，吉隆坡

与马来亚大学学生们一起（1996 年 12 月）

写贺卡的时候，总是很虔诚；一片普通卡，虽然平淡，但平淡

里是稳定、持久和更加成熟。

——1996 年 12 月 3 日，吉隆坡

正在整理行李，又得大搬家了。家，除了爱人，便是随我行走的背囊。现在是子夜零点 40 分，后天我又得走了。等我毕业后，我发誓不再流浪，发誓找个地方安顿一个家，过平淡而安宁的日子。兹把这份心情记录下来存念。

——1996 年 12 月 5 日，吉隆坡

经常羡慕很多人能够过正常的生活，但想过之后，还是为自己这份经历而自豪。只是最近压力很大。……灵魂的解放，思想的解放，才叫真正的放松。想不开的时候，我会去买点好吃的，买些我平时想买的东西。

——1996 年 12 月 21 日，吉打州首府亚罗士达

办完我太太探亲签证申请手续后，在马大历史系做了一场讲座。12 月 19 日星期四，来吉打州首府亚罗士达档案馆两周后，心想，申请应该有结果了吧，打长途电话去吉隆坡马大李教授那里问。李教授说，仍未有结果。我心急了，想打电话给吉隆坡移民厅询问，但身边没有移民厅电话号码。

刚好碰到两位警察，他们说，最好去亚罗士达移民局问。由于周四吉打州只工作半天，12 点 45 分便关门，而要去移民厅需四五里路，我现在只有 45 分钟时间。匆匆赶到马路边去拦的士，总是拦不到。凑巧，又碰到刚才的两位警察。好不容易，终于等上出租，赶到移民局，拿到了吉隆坡移民厅电话号码。一直打了 1 个小时长途，就是没有人接电话。从吉隆坡到吉打州首府亚罗士达是长途，坐火车要 9 个小时的路程。所以，我找了一个附近的餐馆吃了午饭，等下午上班后再打电话。移民厅是最忙碌的，想打进电话很难。于是，我再试了 2 个小时，还是没有结果。回到旅馆住所，已经是下午 4 点，心里很丧气。在酒店房间，想再试试。又跑到楼底下再拨，终于拨通了。拨通总机，又转分机，就是没人接，还得算长途电话费。谢天谢地，好不容易打通了，他们问了我的申请卷宗号，说申请仍在处理中，心里松了一口气。

12 月 23 日，周一，我再打电话去吉隆坡移民厅，从 12 点一直打到下午 4 点，就是打不通。第二天早晨接着打，终于接通了。吉隆坡移民官员说，我太太探亲签证申请已经被拒，并说早在 18 号便已经发信给李教授了。听后心里乱极了。我给吉隆坡李教授打电话，问他是否收到移民厅的信件，他说没有。又给吉隆坡首相署 EPU 廖先生打电话。最后，我决定自己亲自跑一趟吉隆坡。

我乘晚上 8 点钟的卧铺火车，第二天清早 5 点 20 分抵达吉隆坡，然后打的，直接赶到移民厅，第一时间拿号。在移民厅窗口问明了情况后，确认我太太探亲申请真的被拒，而且说只有向内政部上诉，拿到内政部的批件才能翻案。于是，我打的士匆匆赶到首相署 EPU 找主管官员廖先生。廖先生立马带我去内政部。之前，我们还在祈祷能够一切顺利呢。但内政部某部门说，需要到另外一个部门才能受理。我们又赶到那个部门，却被告知主管正在休假，需第二天才上班。我赶回马大历史系，请为我太太探亲申请作担保的李教授写一份上诉信（appeal letter）给内政部。李教授说，如果申请案子被拒，要翻案，一般是很难的。建议我太太最好到北京使馆直接申请两周旅行签证，总比没有签证好。于是，我便给北京丈母娘家里打国际长途，就是占线，一直打了 3 个小时，都打不通。最后，人都疲劳了。也困了，找到一个马来学生宿舍，睡了 1 个小时，再给北京丈母娘单位打电话。

李教授很热心，他说，请我当晚就住他家。然后，我去马大医院附近花店买了一束鲜花送给李教授夫人。第二天又赶到内政部，很幸运，内政部那位高阶主管官员很绅士，听了我们的情况解释后，说他看不出有什么理由不给予签证，请我第二天再去他那里，到时他会出具信件给移民厅。所以，我只得再留宿吉隆坡 1 晚。廖先生说，可以与他一起回去住他彭亨州文冬家里。从首相署 EPU 出来，坐上廖先生的大摩托车，到公交车站，然后换乘巴士，到吉隆坡 70 公里外廖先生家里。

第二天清早，我又陪他一起到吉隆坡上班，第一时间拿到内政部那封信件已经是 9 点半。廖先生说，他用摩托车送我去移民厅，否则来不及，因为周六上班至 11 点 45 分政府机构便关门。到移民厅，那边却说，必须更改称呼，请内政部直接写信给移民厅。我们只好又折回内政部。刚好，内政部那位主管官员正西装革履准备去开会，我们赶紧解释了情况，他立马打住，赶紧让秘书重新打印信件，然后签字盖章给我们。我们又匆匆赶回移民厅。最后，移民厅窗口给了我一张同意书表格，叫我们去哪里盖章，并需要请李教授签字。真是一波三折。前台女士说，星期六是来不及了，必须等到下周一再来移民厅办理。

我只好下午又陪廖先生一起回到他在文冬的家，周末在那里过的。晚上在廖先生家里吃的饭，饭后我请他们全家在外面吃甜点。晚上，到他一对小学新婚教师朋友家里聊了很长时间，那位女老师很漂亮、很单纯，给我留下的印象很深。第二天他们带我参加了教堂礼拜，事后与他朋友一起吃过饭。很难得的美好经历。周一早晨，我们先去印花税务局排队、盖章，共花了两个小时。赶回移民厅，我从银行取了 1500 马币现金作为我太太探亲申请的押金。办理我案子的前台女士说，上诉申请已经上交给副总监（Deputy Director-General）请示，叫我自己先保存好之前发给我的申请同意表格，真的再次给了我们当头一棒。因为周六发给我申请同意表格，一般地就算是批准了，不知突然为何有此改变。人，真的被弄傻了。

前台女士请我周四再来移民厅，并告知来之前先打电话问问。由于是元旦，又放假，我便只好在吉隆坡待了下来，住在一家名叫“Asia Hotel”的酒店里，顺便去吉隆坡国家档案馆做些研究。从吉打州到吉隆坡，已经有 8 天了，仍不知最后结果会如何？只是告诉自己，不要垮下来，放松些，反正自己已经尽了最大的努力了，很多人已经帮了大忙了。有些事情不是自己能够解决的，只能是自己安慰自己，告诉自己坚强些、乐观些。

元旦过后第二天，一清早从酒店再次去移民厅。这次，终于一切 OK 了，真是喜出望外。我立马打的去附近位于“Jalan Imbi 132”号的旅行社南方假期（马）有限公司，出示所需文档，替我太太购买了 1 月 12 日从北京直飞吉隆坡的航班（每周 1 班），然后把往返机票、马来西亚移民厅交驻华使馆密封的签证，以及其他相关重要文件，挂号特快专递北京，一一交待好所有技术事宜，一颗心才终于落下了。然后，当晚再乘火车赶回吉打州首府，继续在那里的档案馆研究。

——1997 年 1 月 2 日，吉隆坡亚洲酒店

马来西亚槟城寓所（1997 年 1 月）

马来西亚吉打州首府亚罗士达（1997 年 1 月）

耶鲁大学图书馆阅览证（1998 年）

与参加博士答谢晚宴的伦敦大学露丝·麦可薇、马来西亚导师谢文庆教授暨师母一起交谈（1999 年 9 月）

与高雄中山大学顾长永教授一起晚餐（2005 年 12 月）

马来西亚，1996 年 4 月—

与丘立本教授在长崎（2007 年 1 月）

中部
星空集

新西兰梅西大学北帕校园住处乡野跑步（2019 年 12 月）

在古老农舍的前庭院中
在靠近白色栅栏的地方
有一丛高大的丁香树
长满心形翠绿的叶子
开满美丽的花朵
散发我喜爱的强烈芬芳
每片叶子都是奇迹
庭院的这丛紫丁香
开满颜色优雅的花朵
长满心形翠绿的叶子
我从树上折下一枝
枝头开满了鲜花

——惠特曼《当紫丁香最近在庭院开放时》

艺术的极致竟然是道德 以音乐表现出来的道德

——木心《云雀叫了一整天》

我听到的只是风声
遗失的东西在我心中发出回音
不停地报告着远近

……

此刻 我细心倾听风声
想知道季节跑去的地方

等待着把回声放归世界
等待着世界把高山和峡谷收回

——谷川俊太郎《回声》

《区域与国别之间》跋

文科学人最重要的学术身份标识是书，这是与理工科强调论文高规格及时发表所不同的地方。书，存在专业与通俗、教科书与专著、编著与主编、独著与合著、中文与外文、学术专业出版社与非学术专业出版社之分。这里，笔者所指的书当然是学术专著。所以，应该准确地说，学术专著是学人安身立命之本。学术专著不一定就是代表作，但最能成为学人代表作的却一定是学术专著。任何个人学术专著，大概不外乎两大类：其一，命题作文，作为课题项目研究成果。其二，系列论文，作为学人经年系列研究成果。至于第二类，一般都应该是挑选最满意的、最相关的论文，或以学人名字统领，或以主题贯穿，或在书之名目下囊括。无论哪一类，学术专著强调论，不是述；强调专，不是介绍。简言之，学人鲜明个性的专业关怀与系统性的专题思考，大概是专著之所以成为专著的最靓丽之处。

毕业的博士成为学者之路，不仅需要把博士论文整理成专书出版，更需要超越博士论文专题，独立地开拓自己的研究领域，其中最重要的是拓展自己对本学科的、跨学科的和跨领域的相关理论和知识。对每个学人而言，这是很艰难的转型；全球视域下，几乎很少有例外的。人文社会科学学者除了定期写作论文发表外，更重要的专业标识是专著出版，否则没有集群性效应的学术标识。这里，同样地，也几乎是没有例外的。这种意义上，这本中文拙著，或许堪称自己第一本中文代表作，也是笔者毕业后努力走出博士论文专门研究阴影的尝试。相信有些读者或许已经发现，本书的课题与范围明显地广阔而多元，实际上涉及很多宏大的理论与方法论、东南亚研究与华侨华人研究相关的重要课题。上述学术关怀，反过来，应该与笔者第一本英文专著对照比较，才会发现其中的选题用心。实际上，就笔者学术职业生涯而言，第一本英文专著应该是自己的代表作，但那是针对国际学术界而言，国内影响非常有限。

如果说，笔者的第一本英文拙著足足花了十年时间，而且是全职的和全身心的，几乎没有任何其他发表；那么，这本中文拙著前后磕磕碰碰却花了二十年的时间。本书竟然姗姗来迟，倒是笔者委实没有想到的。如果说，地方的便是全球的；那么，既然我在国内大学任教，对笔者个人而言，自己国际的发表同时也应该是国内的学术。这里，需要特别说明的是，近二十年来，笔者虽然坚持中文、英文双语写作发表，然而笔者一直有意识地把两者各自独立分开，并没有同时把英文论文翻译成中文发表、中文论著翻译成英文发表。如同这本中文拙著一样，这些年笔者在国际上同时发表了一系列英文论文，其关怀也是系统性框架的，应该足够整理为一本像样的英文专著出版。这应该是这本中文拙著交稿付梓之后，笔者下一阶段工作专注的重点。

自古以来，无论是“陆上丝绸之路”，还是“海上丝绸之路”，都是长路漫漫、崎岖艰险；然而“一带一路”却一直绵延了中国与东南亚地区两千多年互动的悠久历史。学术之路，同样不是一帆风顺。如果不是因为新冠肺炎疫情一直闭关不能出门，大概笔者不会得以静下心来总结近二十年走过的路。无论是这本中文拙著，还是笔者即将着手整理的下一本英文拙著，整理是为了总结，总结是为了忘却，忘却是为了展望新的路。没有一本书是完美的，所以，学无止境，止于至善。没有一本书是完美的，所以，于诚惶诚恐中，笔者借此抛砖引玉，请教方家，别无他。

吴小安

2020年仲秋于京西五道口

原载吴小安：《区域与国别之间》，
北京：科学出版社，2021年

荣新江等教授出席《区域与国别之间》发布会（2021 年 5 月）

不确定性的年代 我们更加需要相信

今天是喜庆的日子，我们有缘。今年是我加盟华大的第一年，九个月前我还在北大。30 年前，我离开厦大，去海外留学，几乎是一股永不回头的“英雄气概”。30 年后，我离开北大，加盟华大，装作一副“归来仍是少年”的老顽童模样。为了我们今天这个约会，我一个人漂洋过海，默默地酝酿和准备了三十年。所以，我们有缘。

下面，我将以一位新华大人、一位老毕业生、一位老教师和老父亲的多重身份，与同学们分享三点人生与职业生涯的体会。

第一，相信与梦想。这是关于信念的。人生充满了不确定性，未来充满了不确定性，青年充满了无限可能性。这是百年大变局的时代，这是世纪大疫情的三年。不确定性前所未有，焦虑性前所未有，可能性前所未有，是全人类的、全球性的。

人是要梦想的，梦想每个人都会有，然而并不是每个人都会执着地追求梦想，也不是每个人都会实现梦想。梦想要有信念，更需要信仰支撑。相信，才会拥抱梦想；更加相信，才会抓住梦想。相信世界，相信人类，相信规则，相信未来，相信梦想，相信自己。不确定性的年代，我们更加需要相信。

第二，开放与多元。这是关于视野的。现代中国的钥匙是改革，更是开放；华侨的精神，是勤劳节俭、坚韧不拔，更是开拓进取、善于学习。跨文化的交往与能力，既是开放与多元的因，更是开放与多元的果。

华大是特别的和唯一的，又是立足于天、地、人永恒厚实根基的。华园是一方沃土，汇聚着大批来自五洲四海的莘莘学子。华大人会通中外、并育德才、顶天立地。亲爱的同学们，无论走到哪里，请相信，阅读与健身、音乐与关爱、开放与多元，还有拥抱大自然，永远是最好的赋能方法。无论何时何地，请相信，每日的践行与内观，永远是最好的改变路径。无论风云如何变幻，请相信，向上与向前、向善与向阳，永远是改变的光明指引。

第三，有为与不为。这是关于行为选择的。有为不是什么事都做，而是应该做的就必须认真做、专心做，而且要做好做实。读书越多越好，要有为；真善美越多越好，要有为。有为是没有止境的。不为不是无为，不为是为了有为。不为不是什么事都不做，不为是有选择的。不为是不能做的事绝对不要做、不能碰，不能交往的人不要交、不能交，不该触碰的红线不要碰、不能碰。不为是有底线的。有为与不为涉及方法与策略问题。有所不为，才有所为。

有为与无为，究其实，是改变与不变。改变，有主动与被动；主动求变，永远是革新、创新与超越的最重要品质。求变，就是求新、求善、求美和求全。所以，改变就是学习的过程，是提升的过程，是与时代、未来和大潮一起律动的过程。拥抱改变，非常重要；改变自己，最重要；做自己，永远重要。不变的是初心，是正念，是原则坚守，是更加相信。在我三十多年的职业生涯里，我有幸在海内外十五所大学工作过；每到一个新地方，那个地方都成为了我的福地、我的元素，因为我相信。所以，我很感恩；所以，我希望同学们更加相信。

英文里，大学毕业典礼 commencement，同时是“开始”的意思。面对世界的不确定性，中国的风景独好，而且长期向好；面对未来的不确定性，请脚踏实地，选择触手可及的确定性，迎接自己的各种可能性。亲爱的同学们，今天是你们的典礼，明天是你们的开始和美好的未来！我谨代表华大全体教师，深深祝福你们！毕业快乐！今夜无眠！

谢谢大家！

2022 年 6 月 26 日

原为华侨大学（泉州校区）毕业典礼致辞

毕　业　季

知识固然是力量
惟思辨与批判的知识
才会光芒四射

才干固然很亮丽
惟家国情怀与人类大爱
方是恒久宽厚的依托

生活固然需要阳光普照
惟狂风暴雨与泥泞崎岖
始能领略晴空万里
一马平川

不问孰因孰果
无论彼岸他山

不问共生共济
遑论生命与天地之间

不要在年轻的时候
过急地收获成功
越是丰硕的果实
越需要更多的耐心
和更久的守候

不要等到年老的时候
才关注品德修养
那时候更多的
也许只有忏悔与救赎

不要在失落的过去里
寻找那份早已冷却的温暖
惟有坚定地前行
才不会再次迷失
才会始终生动过去

毕业了
只是真正的开始
离开了

才发现
燕园是如此的眷恋依依

后会有期
还是遥遥无期
其实
我都知道
于我
不是寄语的自勉
于你
不是重温的流连

——2016 年 6 月 29 日应北大历史学系毕业班之邀作
于五道口，修改于 2018 年 5 月 30 日朗润园
原载吴小安：《燕寨集》，上海：上海三联书店，2020 年

《星洲日报》“南洋学子·燕园春秋”专栏

寄语开篇卷

北京大学，是一所与美国哈佛大学、耶鲁大学，英国牛津大学、剑桥大学，日本东京大学与京都大学等齐名的全球名校，神奇而独特。北京大学神奇而独特的历史与魅力，不仅与中国历史发展、中华民族的命运息息相关，而且始终与时俱进，站在历史与时代潮流的前列。北京大学有一个更耳熟能详的称呼，即北大，不仅因为北大的称呼更亲切，而且因为北大独特而神奇的历史文化地位和精神魅力。

对所有中国学子而言，能够进北大学习，不仅荣耀，而且非常不容易；对全世界学子而言，能够进入北大学习，不仅难得，而且非常荣耀；对全球华人学子而言，能够进入北大学习，不仅兴奋而亲切，而且有着全新的跨文化震撼；对南洋华人子弟而言，能够进入北大学习，不仅幸运而欢欣鼓舞，而且更会感慨万千。北大一直不只是北大人的北大，更是全中国人的北大；不只是中国人的北大，也是全球华人的北大；不只是南洋华人的北大，更是所有南洋学子的北大；不只是南洋学子的北大，更是世界和世界各国莘莘学子的北大。科学与民主，自由与博爱，开放与包容，守正与创新，始终是北大常维新精神的基石支撑。

对已经入学北大的学子而言，北大则称为燕园。它是一个比北大更亲密、更私密的共同文化身份认同。北大有好多园子，比如静园、勺园、朗润园、畅春园、承泽园、燕南园等，不一而足。不仅如此，燕园还有三角地和五四路，未名湖和博雅塔，图书馆、大讲堂和大雅堂；有来自五湖四海、世界各地的莘莘学子，还有许多值得敬爱的诲人不倦、教书育人的老师们。身在燕园的时候，也许会习以为常；离开燕园的时候，会特别令人怀念，更会感觉到燕园的神奇与独特的魅力。十月下旬的时候，在离开燕园一段时日里，我写了一首题为《燕园》的诗歌，反映的就是这种思绪和情结：

从燕国到燕州
从燕京到北京
燕国远去
燕山屹立
燕京不再
燕园永驻

问题与主义之间
始终是您无法左右的历史
多谈些问题
是和平时期象牙塔里的理想
多谈些主义
是烽火时期革命的救亡图存

未见您之前
您是殿堂
引无数青年竟折腰
登堂入室之后
您是学堂
引多少学子指点江山

多少人视您为庙堂
竟作精致利己主义的菩萨
而在您的学子们心中
您应该永远是学术的图腾
人生的风景

有学者说您是一条漏油的破船
多少历史潮流汹涌
在国家民族转折的风口浪尖

却始终是您的旗帜和身影
而又有多少辛勤的园丁
在后院默默为您耕耘培育

世界日新常维新
而您几十年如一日的宠辱不惊
又令多少学子悲愤
您不该依然如此守旧

未名湖是海洋
燕园不是上海滩
一塌糊涂是文化
博雅塔岂是风水

从燕国到燕州
从燕京到北京
燕国远去
燕山屹立
燕京不再
燕园永驻

燕园最美的风景图腾是博雅塔与未名湖。无论是清晨，还是夜晚；无论是正午，还是黄昏；无论是风和日丽，还是烟雨蒙蒙，博雅塔与未名湖都会有令人意想不到的惊奇，呈现出令人心醉沉迷的万千风情。五月中旬，记得是阴天，在上课的途中，我路过未名湖。看到未名湖畔一路常维新的变幻景色，不禁浮想联翩，我同样情不自禁写了一首题为《未名湖》的诗，兹录如下，与各位同学分享：

都说你是海洋
此时此刻
没有风
也没有雨
没有潮起
也没有潮落
海分明辉映在学子的心坎里

都说杨柳依依
此时此刻
你们如此倾情
是对眸 相向而行
还是辉映 水天一色
海静静地定格在学子的初心里

没有风的湖面

没有雨的阴天
没有阳光的日子
没有潮涌潮落的喧嚣
只有你们的私语
还有旁边林荫道上
少男少女的足音
旅人的驻足与思绪
海依然留存在故人的感慨里

都是因为你是心中的海
人生路上的图腾
无论校内还是校外
无论年轻还是年长
海永远收藏在走出校园学子的心乡里

人生的风景
心中的宝塔
未名湖
等待风起
等待潮涌

长期以来，中国与南洋，政治经济文化交通联系和贸易往来，绵延不断。从郑和下西洋，到闽粤东南沿海移民下南洋；从帆船贸易到华人贸易网络，两个地区之间交流互动，热闹非凡、川流不息。曾几何时，因为冷战与建国工程的历史大潮，中国与东南亚地区，不仅历史移民潮断流中断，而且双边官方联系渐行渐远，长达几十年。自 20 世纪 90 年代以来，中国与东南亚关系开始突飞猛进地长足发展。比较而言，两个地区之间政治经济与战略安全几乎曾是双边关系的全部，而忽视了重要的社会文化的交流。令人欣喜的是，如今双边社会文化教育方面的交流，日益频繁；特别是青年一代的互动交流，正在朝着跨族群、跨宗教、跨文化、跨语言等全方位方向发展，而且不仅限于传统中国侨乡闽粤地区，也不仅限于南洋华人社区或中文教育学子。这应该是新世纪和新亚洲最喜人的发展之一。不仅在燕园内，而且在燕园外，每每看到来自南洋的各肤色青年学子熟悉的脸庞和特别的声调，我自信一眼就能辨析，心里感到特别亲切。我家住在五道口，每每遇见戴头巾和不戴头巾的少男少女，我都会主动上前搭话，而且一猜就中，还没有出过差错。只是我碰到的学子中，除了燕园的学子，还有不少是北京其他兄弟院校的留学生。

在燕园求学过的学子们都有体会，如同燕园的美景，北京的四季变幻纷呈，各有千秋。北京的冬天很凛冽，春天很杨柳，夏天很炙热，秋天最美丽。从春天到夏天，从夏天到冬天，北京的季节变换很快、很短，只有短短几天。无论是春、还是秋，想留都留不住，如同燕园春秋。春华秋实，冬去春来；求学的日子，只有短短的几年，如花样年华，如白驹过隙。相信燕园春秋，对每一个燕园学子，每一个南洋学子，无论肤色与性别，无论语言与宗教，无论出身与年龄，无论何时何地，都将是生命中最珍贵的春秋和元素。祝福你们，每一个在燕园求过学、正在求学或将要求学的南洋学子！祝福各位同学的燕园春秋，那是一段令人羡慕的如花的岁月、如风的日子和如梦的青春！今天你们以燕园为骄傲，明天燕园为你自豪！借用燕园最近流传、值得收藏的一句箴言“你的美好，构成了北大的美好”！

原文载马来西亚《星洲日报》，2019 年 12 月 15 日

与时任新加坡国立大学中文系主任黄贤强教授在一起（2009 年 2 月）

与东京外国语大学亚非语言文化研究所来自荷兰、德国的访问教授在一起（2012 年 5 月）

台湾中山大学讲座（王宏仁教授主持，2015 年 12 月）

师说：影响人生的书单

治学感言

学问，经典说法通常有三种境界：其一，“昨夜西风凋碧树，独上高楼，望断天涯路”。其二，“衣带渐宽终不悔，为伊消得人憔悴”。其三，“众里寻他千百度，蓦然回首，那人却在灯火阑珊处”。

问道求学的过程，是一种充满激情、热爱、求索、登高、望远、困惑重重、豁然开朗、趣味横生和惊喜连连的复杂心路智识历程。

学问，用现代大学之道的说法则有三个原则：其一，原典与求真；其二，质疑与创新；其三，人文与关怀。求学问道的过程，是全人教育、学科训练和解构建构的知识生产与传承创新的一体化发展历程。原典与求真是基础和底蕴，质疑与创新是超越和提升，人文与关怀是目的和趣旨。

人的成长，有不同的生命历程体验；学问的养成，情同此理，一样经历启蒙、发生、发育、迷惑、苦闷、求索、彷徨、明理、自立、担当、不惑、超越等不同人生心路历程。做人，需要身心健康、表里一致、内外兼修。

做学问，需要兴趣热爱、人文关怀、质疑批判、严谨科学。能持久的、成为典范的、有意义的，方是真正的学问。学问不是自言自语、想当然的过程，需要有专业的与社会的面向；思想与精神，乃学问与人生的根本支撑。无论是人文社会科学还是自然科学，概莫能外。学问也不是象牙塔的游戏，是立足本土、针对问题、与时俱进与世界同步的敏锐观察探索和深刻关怀。这是学问之所以成为学问和不朽传承的关键所在。

学问通常与做人联系在一起，是谓学问人生。成为自己，是自主能动地做学问的开始；做好自己，才能做好学问。学问是做人的，关乎品性，关乎视野。做人是一辈子的，关乎信念，关乎价值。做人是需要学问的，关乎本领，关乎担当。

学问是质疑与求真的，关乎真理，关乎创新。学问又是有丰富的个性与风格特征的，关乎国家，关乎社会，关乎文化，关乎族群。无论是做人，还是做学问，都需要普世的关怀，关乎自然，关乎人类，关乎世界，关乎生命。做好人，需要从我从小事做起；做好学问，需要从每日做好一件事开始。无论做人，还是做学问，都无法回避其中必然经历的过程。

日积月累，行稳致远；宁静致远，守正创新。知识固然是力量，惟思辨与批判的知识，才会光芒四射；才干固然亮丽傲人，惟家国情怀与人类大爱，方是恒久宽厚的依托。

影响人生的书单

我大学本科和研究生读书书目，主要限于 1993 年出国留学前的范围，是我生命成长与智识底蕴养成的关键时期。当时我主要喜欢阅读各种伤痕文学、欧日现代小说、现代诗歌、各种名人传记，兼读喜爱的大陆校园文学、台湾乡土文学与北美华裔文学等，当然也包括武侠小说，只不过是某些暑假空隙集中看，然后很快打住。

作为智识的比较理解训练，一方面，我比较关注中文同义词、近义词与反义词的异同涵义；另一方面，我也特别关注中英文单词、同义反义词的文化符号对应的关联和差异。我清楚地记得至今仍令我心动的书目包括：

1. 〔印〕泰戈尔《泰戈尔散文诗全集》(冰心等译)；
2. 〔英〕罗素《西方哲学史》(上下)；
3. 〔法〕罗曼·罗兰《名人传》(傅雷译)；

4. 张承志《北方的河》;

5.《傅雷家书》;

6.《牛津高阶英汉双解词典》(香港八十年代初牛津大学出版社影印版)。

原载任羽中、李喆：《影响人生的书单：来自百位北大教授的推荐》，北京：北京大学出版社，2022 年

与导师希瑟·萨泽兰教授海城大酒楼喝午茶（2019 年 2 月）

彼得·凯比（Peter Keppy）教授到机场接机（2018 年 12 月）

莱顿 KITLV 办公室（2018 年 12 月）

在导师邻居戴维（David）博士夫妇家做客（2018 年 12 月）

阿姆斯特丹夜晚（2018 年 12 月）

做学生时读何兆武译著

何先生翻译文笔隽秀、干净、跳跃，富有思想，做学生时受益匪浅，今日仍令我辈很多学人汗颜。这种严谨的、富于思想的学人风格，与那种夸张的华丽辞藻堆砌、卖弄和煽情，形成了鲜明的对比！其中，我想，学人的风骨与至善至美的追求，应该有很大关系。不做作、不谄媚、不显摆，是让人读出来的，而不是自我表白出来的。这应该是那个跨越几个非常时代的一代学人所特有的精神与禀赋！

翻译，尤其是学术作品的翻译，或者作为职业学人的翻译，能够引领一代或几代学子，甚至国人，我想，何先生应该属于其中极少数的大家之一，特别是在那个特殊的年代！这应该是我们这一代或几代学人和国人所庆幸和感恩的！而何先生无论风雨与彩虹，都不事张扬，内敛本真，堪称风范，令我辈学人钦佩不已。

有历史底蕴的文学，不虚妄；有文学关怀的哲学，不枯燥；有哲学思辨的历史，不故纸堆。何先生本人的性情，应该影响着他对于翻译作品的审美选择。反过来，何先生对于翻译作品的文化跨越与传播，则进一步影响了何先生作为译者的文化和思想的品性（而不只是面向读者而已）。

被某些国人如今诟病为所谓西化的话语语言，在何先生身上，不再是牵强附会的外来语言形式外壳，而是赋予了个人生命力的内在再创造，经过何先生的文化与思想的媒介，完美地呈现为一体。何先生的东西，之所以能够化人育人，正是在于其立足本土的开阔与多元、批评与自省、深厚而热爱的一代学人执着情怀。

注：这段当时在悼念何兆武先生群里即兴写就的文字，今天想起，觉得值得分享。我对读何先生的著作印象，依然局限于 1993 年出国前。所以，如上的评论，完全基于那时候的深刻感受。2021 年 5 月 28 日。

《燕寨集》自序

世间总有些人和事，注定是孤独的。不仅是规律，可能也是命运。但如果有些人和事，因此忧忧戚戚、裹足不前，那么，这份孤独便止于个人和私人的部分，失去了对人与事的超越。诗是如此，诗人也是如此。其实，孤寂的不只是诗人，同样也有诗。然而，世间不死的灵魂与不灭的梦想，偏偏不幸地包括诗歌与诗人。

研究生时期，苦闷彷徨时，曾经跃跃欲试，练笔写过点滴的诗，一如青春的骚动。不是为了发表，而是为了认清，还有狂放。毕业留校后，也曾发誓不再写诗，几乎保持了二十五年的记录。2018 年开始，阴差阳错，又断断续续提笔写诗。同样不是为了发表，只是为了记录，还有沉淀。经过几十年风雨，自己藏在心底里的那颗诗心竟然没有被丢失了。这是没有想到的，如同这本诗集的整理和出版一样。

我应该算是一个投入之人，如果说不上充满激情的话；这点我自己也是清楚的。两年内一发而不可收，竟然写了不少所谓的诗。既然三十年前我曾发誓不再写诗，既然两年前又重新提笔写诗，那么一劳永逸让自己不再写诗的最好方式，可能是将现有的拙诗整理结集出版。记得 1995 年元旦的黄昏，从位于荷属东印度公司总部遗址的办公室出来，我特地到附近阿姆斯特丹大街路边商店，买了一盒骆驼牌香烟。新年晚会现场拆封，取出一支自己抽，然后拱手送人，不再抽烟。这是仪式，记录一直保持着。

《燕寨集》收录的八十多首诗歌，是我人生各个关键节点的所见所闻与所思所想，包括研究生时代、留学岁月、教研空暇，以及海内外各地客座访问间歇。如果说，它是我的人生足迹与心灵律动的一份真实记录，应该没有夸张。然而，《燕寨集》却不是小我与小资的自怨自艾、自哼自嗨。这不是诗人终极的天性。以“燕寨”冠名，不仅因为它是我微信的域名，而且因为很多其他更重要的理由。喜欢燕子，因为季节；喜欢寨子，因为园林；喜欢大海，因为蓝天。

《燕寨集》里，不是诗人写诗，而是学人写诗。毋宁说，《燕寨集》更是一位学人与自己暨天地万物的呢喃絮语。或者说，它更是一位学人，在海内外经年求索的历程中，以诗心的触觉和诗性的语言，记录自己对世界，对自然、人类、社会、文化、真理、人生、爱情、亲情、友情、美丑等永恒主题的智识感悟。青春的和骚动的，贫困的和理想的，生动的和繁芜的，自然的和社会的，本土的和他乡的，是底蕴，也是律动，更是主题，最后凝聚为诗。

旅途中所有的遇见，熟悉的和陌生的遇见，一路走来，无论阳光还是风雨，都已经云淡风轻，除了感恩。感恩老师，感恩朋友，感恩同仁，感恩亲人，感恩天地万物。

2020 年初夏

于北京西郊五道口

原载吴小安：《燕寨集》，上海：上海三联书店，2020 年

《心里话》序

2008 年 12 月上旬，在国大客座期间，趁学校假期我回北京度假。临行前自力先生送我一本《心里话》。一上飞机，我便一口气拜读了起来，停不下来。我有了一份久违的感动，认识了自力先生，懂得了自力先生，也交定了这个朋友。所以，得知《心里话》出版续集时，打心里为他高兴，也因为近水楼台而得以先饱眼福。

自力先生很本色。因为本色，乍一见自力先生，人们不会想到他是学者、画家和作家，也不会想到他对音乐有着很高的品位。

自力先生很真诚。因为真诚，与自力先生见面谈过话后，人们甚至会明显地感觉到他的拘谨和窘迫。

自力先生很敏感。因为敏感，他总是很细腻地用心，甚至是用生命来体验日常生活中的凡人琐事，并从中发掘出亮点和意义。

自力先生很写意。因为写意，他总是能够在宿命中开拓自己的天地，丰富自己的人生，寄托自己的洒脱，曾经那么多的挫折，尝试与转型之后而依然痴心不改、无怨无悔，毕竟学者、画家和作家并不是很多人敢奢望同时拥有的，而且在拥有的同时却依然保持着朴素与核心的价值本色。

像自力先生第一本文集一样，《心里话》续集也是短篇文集。短文，短而精；有散文，也有杂文；有个人、家庭、朋友、社会、国家，乃至天下事，全部浓缩在一篇篇短文里。尤其是，每篇短文标题精致而用心，从一字、二字、三字递增叠加，一针见血，环环紧扣，都是点睛之笔，总能给人以出乎意料的兴奋，甚至心灵的震撼。

像自力先生用色彩作画一样，《心里话》则是用文字的形式表现自力先生对人生、社会与世界的体验和关怀，异曲同工。朴素而诗情，平凡而理性，细腻而生动，简单而不失深刻，真实而不庸俗。没有轰轰烈烈的激情，没有歇斯底里的呐喊，也没有矫揉造作的粉饰，更没有死去活来的呻吟。如自力先生的为人处世，如自力先生的绘画作品，如自力先生的人生经历。只有平实和平凡，只有真实和真诚；但却超越了个人，跨越了时空。值得回味，甚至有些感慨。

伤感，却愉悦着；遗憾，却坚守着；气愤，却期待着；抗争，却升华着；隐忍，却生动着；平凡，却感动着；无奈，却幽默着。这就是自力先生，这就是《心里话》。这就是人生，这就是社会，这就是新加坡。

不是吗？是为序。

2010 年 12 月于北大燕北园

原载何自力：《心里话》（二集），
新加坡：新加坡青年书局出版，2011 年

《莫忘我：人类学家的老龄社会观察笔记》序

如果说，数学是自然科学的皇冠，历史是社会科学的基础；那么，语言与文学则是文理两科的共同底蕴。历史学人的手法是叙事与长时段进程变迁，人类学者的关怀是对独特群体与当下日常的深描，以及对意义的深刻阐发与反思。历史学人的串联红线是时间顺序，人类学者的统领主题是文化、行为和亲属社会关系的普世关怀。历史学人倘若写小说，主要是历史的、英雄的和宫廷的，而且会被视为不务正业；人类学者如果写小说，既可以是历史的，更可以是当代的，而且被视为堂堂正正的专业技法之一。历史学人，很少是散文家，即使有也是例外，是属于怀古的、隐喻的和讽刺的；人类学者，除了基于弱势关怀的叛逆，似乎天性都是很好的散文作家和叙事高手；如果他们愿意，无论正统还是边缘的课题，文化、族群和权力关系，纷纷登堂入室，在在都是富有吸引力的深描和想象的迷思。

新加坡国立大学日文系主任汤玲玲教授是一位人类学者，我是一位历史学人，受邀给她中国再版的大作《莫忘我》作序，如何定位、如何切入、如何展开，远非易事。尤其是，本书通篇倾注着玲玲教授深刻而富有温情的生命和社会文化关怀，无论是亲情还是友情，无论是个体和社区的地方性课题，或者是国家与文化的普世性主题，都可以强烈地感受到玲玲教授的用心和爱心，细腻的笔端背后尽是生活的温度与专业的关怀。热爱和关爱，温情与温暖，通过专业的审视和笔法，轻描淡写之间，不时跃然纸上，不时渗透于字里行间，令我肃然起敬。

玲玲教授是我二十年的老朋友，我们刚好是同龄人。2015 年暑假，我再次返回新加坡国立大学亚洲研究所客座三个月，访问结束与玲玲教授河畔海鲜餐厅临别晚餐时，她给了一本新加坡世界科技出版公司刚出版的大作《莫忘我》。拿着仍留有墨香的新书，我迫不及待地快速翻阅了起来，立马给吸引住了。我当时建议，该书应该在中国出版，扩大发行。我知道，玲玲教授长期从事日本老龄社会研究，并且拥有对新加坡老龄社会的长期观察与实践参与的专业经验，而中国社会的老龄化问题越来越突出，相信玲玲教授这本书会有他山之石的借鉴意义，相信很多人、很多部门会很感兴趣。尤其是玲玲教授的大作，不仅是关于老龄社会的养老和养护的政策与经济课题，更是关于全球现代性背景下变老和孝亲的观念文化与社会伦理的调适关怀。某一天，我们终究会变老；某一天，我们终究会离去；无论身在何处，无论背景如何，无论肤色贵贱，我们本质都是同样的，都是平等的、鲜活的生命，哪里来、哪里去。这些应该是我们老龄社会与普罗大众亟待关注和面对的重要调适。

然而，玲玲教授《莫忘我》涉及的课题却远不止于此，其内容和内涵要广泛得多、丰富得多。玲玲教授通晓英、中、日三种语言，是新加坡土生土长的第二代移民，在新加坡接受中学和大学教育。大学时，玲玲教授曾留学日本一年并研究日本社会与文化人类学，负笈美国攻读博士学位，学成后一直服务于新加坡国立大学，是一位具有全球视野、跨文化关怀，心胸开放、包容、友善的新一代学人。《莫忘我》61 篇散文，记述了人的生老病死，从求学婚恋到为人父母、成家立业，从日本到新加坡和其他东南亚国家，从中国到欧美和澳洲，从家庭到亲属、邻里社区，再到同学同事、老师朋友，等等，随着玲玲教授成长足迹、生活轨迹、研究出差、访学度假、社会服务，娓娓道来。《莫忘我》的主题内容涵盖了生与死、老与少、亲与孝、家与国、爱与情、快乐与病痛、父母与子女、家庭与社会、工作与退休、学校与社区、国内与国外、旅行与文化、建筑遗产与自然环境等一系列人生社会的日常课题，随着父母的故事、移民的故事、成长的故事、海外的故事、个体的故事，61 篇散文，通过玲玲教授的媒介用心，融时间和空间维度于一体，构成一幅跨国生活、跨文化、跨世代的散文画卷。读完《莫忘我》一篇篇文章，清晰地感到玲玲教授真诚细腻温和的关爱与热忱投入专业的关怀，令人对生命、对生活、对世界、对文化，有着新颖的、温情的、开放的、坦然的感受和重新审视，感动、回味而富有热爱，仿佛深切地感受到了玲玲教授自己的生活、兴趣和人生态度。这应该是《莫忘我》最温暖、最温情、最动人之处。

玲玲教授祖籍广东梅州客家，客家女性一直以贤惠与坚韧著称，玲玲教授对公公婆婆发自内心的孝心爱心，足以说明一切。在本书的自序中，她特别提到1995年暑期，挚爱的婆婆突然心脏病去世，家人为免影响她考试学业，一直瞒着她，直到考试结束、婆婆安葬后才被告知。那份刻骨铭心的心疼与遗憾，可想而知，非亲身经历是无法体会的。无独有偶，我的另外一位新加坡好朋友、最近从新加坡国立大学退休的老师何自力兄，当年在美国攻读语言学博士时，父亲在南宁病逝，也是事后很久才得知。他在自己的文集《心里话》对此有过同样难以释怀的追述。自力博士也是新加坡出生的侨生，多年前，我很荣幸受邀为他《联合早报》专栏文集出版的《心里话》（二集）写过拙序，不同的是自力的大作则由新加坡青年书局出版。需要特别指出的是，爱屋及乌，玲玲的先生邦吉同样温和友善，他的祖籍则是福建南安。长期的交往互动过程中，我能感受得到，作为新加坡第二代华人移民，玲玲邦吉伉俪明显具有浓厚的中国祖籍情结。玲玲教授长期是用英文从事专业写作，但曾经可是笔友和文学青年。这本《莫忘我》是她第一部中文作品，宝刀未老、风采依然，却已是云淡风轻，别有一番滋味。本书在中国再版发行，应该具有另外一份很特别的意义，私人的、文化的和血脉的意义。双方父母应该会特别欣慰的，老家的亲人应该会特别骄傲的。

喜欢品茶或喝咖啡的人，无论年老还是年少，不管是居家静坐或是旅行途中，和着背景音乐，看着周围的风景，读着玲玲教授的《莫忘我》，也许不知不觉地抬头，望着远方，不仅会若有所思，而且会憧憬感动。我这样想象着，也是这样感受着。

是为序。

2019 年 8 月 15 日初稿于马来亚大学

8 月末再订于北大朗润园

原载汤玲玲：《莫忘我：人类学家的老龄社会观察笔记》，北京：科学出版社，2020 年

《伍连德（1879—1960）研究：经验、认同、书写》序

克罗齐说，一切历史都是当代史。归国服务的同时代三位南洋杰出华人中，中国现代医学之父伍连德与复旦大学校长李登辉、厦门大学校长林文庆，并驾齐驱。英女王奖学金得主、“海峡三杰”中，伍连德与林文庆、宋旺相，并列其中。辛亥革命先驱、沙劳越诗巫拓荒者、“新福州之父”黄乃裳，无论南洋还是中国，其名头更是如雷贯耳，岳父与两位乘龙快婿伍连德、林文庆，一家三杰，光彩夺目，艳煞世人。凡此种种，从南洋到中国，伍连德无疑都是一位响当当的历史人物。然而，偏偏就是这位南洋杰出华人，长期以来，一直埋没于中国官方与社会的集体记忆中。这与时空的错位有关，因为伍连德抗战时期从中国回归了南洋，且一去不复返；也与意识形态有关，因为伍连德在中国服务的对象分别是大势已去的晚清封建政权、北洋军阀政府与国民政府；同时与其晚年个人经历有关，因为伍连德返归南洋后，重回私人医生职业，远离东南亚独立建国大潮之外；也许还与中国—东南亚互动关系发展进程有关，因

为自 20 世纪五六十年代后双边关系疏远，甚至中断了几十年。直至 90 年代，随着中国与东南亚政治经济关系的突飞猛进，伍连德才开始进入专业人士的研究视野。2003 年，SARS 疫情暴发后，其事迹与大名，才广为流传开来。个人与国家，个人与时代，命运相通，息息相关，可见一斑。

有关伍连德的重要出版文献，在南洋，英文当属其本人自传（1959 年）和女儿的纪念画册（1995 年），最为重要；在中国，中文当属传记体历史小说和综合性文集，如《国士无双伍连德》（2007 年）、《白雪乌鸦》（2010 年）和《发现伍连德》（2010 年），最为典型。然而，陈雪薇这本大作，却最为独特。其一，这应该称得上是第一本研究伍连德的较为严肃的学术专著。从一位东南亚新一代学人的视角，在阅读理解现有文献的基础上，作者收集了大量报刊报道、官方与社团档案和口述历史，紧扣伍连德在社会改革与医疗卫生现代化两大场域的实践经历，细腻地探讨分析其多重身份认同与书写。社会改革的场域，是在英属马来亚；医疗卫生现代化的场域，是在中国。叙述聚焦伍连德的个人经验，然关怀却超越了伍连德的个人局限。以人物为专题的学术专著书写，本身就是很大的挑战。作者在专题评析伍连德方面，着墨甚多，值得嘉许。记得 2008 年，笔者在新加坡国立大学做客座研究时，结识作者本人，知道她早在 1999 年便完成了以伍连德为研究专题的硕士论文。在佩服她超前选题视角的同时，心里暗暗不免为她叫屈：如果她能扩充，在 SARS 疫情暴发前后出版，影响便不可同日而语，怎么还不见动静呢？但当时却不便明言。当下，拿到这本厚实、有分量的学术专著，笔者释然了：学术是需要沉淀的，不需要毛躁赶时髦；明白了个中缘由，打心里佩服作者的定力与用心。

其二，这是一本很有可读性、流畅的学术著作，而且是一本关联集体记忆、身份认同以及中国—南洋关系互动模式等大主题的学术著作。伍连德活动广阔的背景是中西文化、中国与南洋、传统与现代的多元交集。作者重构了伍连德在中国的五大关系网络：晚清政权的代表人物；留学的知识分子群体；南北政权领袖；少数海归华侨；以及惺惺相惜的时代中流砥柱。在此基础上，进一步厘清了伍连德的记忆书写方式、心路历程及其原因。殖民政权与中国政府之间，中西文化之间，南洋在地与中国原乡之间，传统与现代之间，乃至国家政治与个人专业之间，伍连德到底如何纠结、取舍、兼顾、统一？如笔者一样，读完本书后，相信读者会有一份比较全新而深刻的理解。全书架构清晰，主题鲜明，重点突出，文笔流畅。能兼具如上几点，很不简单。如同其人，足见本书是下了功夫，用了心的，可喜可贺。

是为序。

2014 年端午于燕园

原载陈雪薇：《伍连德（1879—1960）研究：经验、认同、书写》，新加坡：新加坡国立大学中文系与世界科技出版公司联合出版，2014 年

《基金会、冷战与现代化——福特基金会对印度农业发展援助之研究（1951—1971）》序

本书涉及的课题很广、也很大，很重要、也很富有挑战性。把这么广、这么大的课题结合起来研究考察，同时又要做到明确而不失去焦点、简要而不至于复杂、厚实而不陷于空洞，对任何一位青年学者而言，其难度无疑是巨大的。如书名主副标题显示，本书研究的课题是两个重要关联层面。其一，主题层面是“基金会、冷战与现代化”，彰显其关注的三个相互关联的重大主题。现代化是人类社会摆脱愚昧与贫困、追求进步和发展的伟大历程；现代化理论，20 世纪六七十年代曾在西方学界非常流行，80 年代后中国学界承接过来，呼应正在开启的中国改革开放实现现代化的伟大征程。冷战是二战结束后几十年来东西方世界之间殊死博弈对抗的现实政治生态；对冷战史的研究，成为近二十年中外学界的热

点。基金会，作为特殊的非政府组织，其重要性与影响力，更是与日俱增。

其二，操作层面是“福特基金会对印度农业发展援助之研究（1951—1971）”，揭示支撑其主题的经验个案研究的专门切入点与聚焦点，以及地理空间与历史时间的专门维度。换言之，操作层面具体涉及印度、美国、农业发展与对外援助等至少四个重要关联维度，样样都是牵动人类社会与世界格局的战略性课题。众所周知，中国与印度，文明悠久，彼此相邻，同属亚洲新兴大国经济体，具有许多突出相似与截然不同的可比性。基于历史、文明、人口、面积与经济发展等因素，在亚洲与全球战略中，印度的重要性是不言而喻的。考虑到与印度地缘政治密切关联的中国与俄罗斯因素，任何世界大国与印度的关系互动，远远超越了双边关系的范畴，都具有全球与地区战略博弈的匠心。在冷战背景下，印度农业发展不仅是农村产业经济发展课题，更是国家社会政治稳定课题；美国对外援助不仅是双边纾贫解困资金与技术课题，更是全球政治意识形态与大国关系博弈的工具手段。

概而言之，面对上述两大层面众多相互关联却无法回避的重大问题与课题，既是冯立冰博士研究面临的严峻挑战，也是本书难能可贵的出彩之处。正因为如此，本书在绪论中便明确澄清了三个重要立论前提与定位："其一，本研究涉及印度农村和农业发展的重要问题，这是一个更大范畴的重大课题，但是，印度农村与农业发展不是、或者不完全是本书聚焦的中心问题。本书仅仅选择从福特基金会对印度农业发展援助这一特定视角切入，进而关联印度农村与农业发展的大背景、大课题来探讨问题。其二，本研究涉及美国对外援助，这同样是一个非常大的重要课题，但是，本书并不是研究美国对外援助，甚至美国对印度援助的本身。本书选择聚焦福特基金会对印度农业发展援助这一特定视角切入，关联美国对外援助，特别是美国对印度援助的主轴与背景来考察问题。其三，本研究涉及意识形态与冷战、发展援助与对外政策、发展与现代化、贫困与绿色革命等宏大的理论课题……但是，在本研究中，任何对这些课题的理论关怀主要出于对研究背景与对象课题的更好理解，以及出发点的锁定与再出发的方向定位考量。"有鉴于此，本书选择福特基金会对印度农业发展援助为专门切入点，聚焦美国对印度粮食援助、农业社区发展、深耕县计划与绿色革命等系列具体个案研究，探讨冷战背景下二十年间其政策演变与援助内容的发展进程，分析农业发展的理论与策略、变革的设想与实践，以及发展援助的作用和局限，进而全面把握福特基金会对印度农业发展援助的性质、客观效果和本质。

冯立冰博士热爱学术、积极向上，是一位自珍自爱、自立自强的青年学者。在北大自硕士阶段便研习印度历史，原本一直师从我的同事王红生教授。因系里博士招生年龄限制严格规定，王红生教授无法直接将其收于门下攻读博士学位。在王教授引荐下，立冰博士找到了我，表达了继续在北大攻读博士学位的意愿。由于本人治学方向是东南亚现代史和华侨华人史，进入博士生阶段后，立冰博士立刻面临一个非常棘手的选择：要么变更博士研究课题，另起炉灶，随我研究东南亚现代史和华侨华人史；要么在原来硕士论文基础上，继续做印度史方向博士论文研究。前一种选择，对一个没有任何基础的新人而言，在短短四年之内完成一篇博士论文几乎是不可想象的；后一种选择，则要求王红生教授继续承担立冰博士论文的专业指导。于是，我们三人立刻达成了一项君子协议：我同意立冰博士在我名下攻读博士学位，负责行政与一般学术性专业指导；王红生教授则继续承担对其印度史方向的具体专业指导。所以，立冰博士论文的顺利完成是我们三方成功合作的结果，特别是与王红生教授一直以来的悉心指导和重要贡献分不开的。

无论是在北大，还是在耶鲁和阿姆斯特丹，立冰博士都能够积极把握机会，出色地完成学业任务。毕业后能够获聘南亚与东南亚研究重镇的云南大学国际关系研究院，无疑是她职业生涯的幸运和福气。南亚与东南亚研究，在云南大学一直得天独厚，享有不可比拟的地理区位与学术特色的传统优势。以本书出版为新起点，我相信并祝福立冰博士能够继续保持初心，虚心学习，立足云大，深耕印度，在今后漫长的学术生涯中能够百尺竿头更进一步。

是为序。

吴小安于燕园

原载冯立冰：《基金会、冷战与现代化——福特基金会对印度农业发展援助之研究（1951—1971）》，北京：中国社会科学出版社，2016年

《马来西亚华人史：权威、社群与信仰》序

与宋燕鹏博士结识，既是马来西亚华人研究的共同兴趣使然，也是马来西亚拉曼大学讲师陈爱梅博士牵线搭桥的用心。后者是我在马来亚大学历史学系好友黄子坚教授的学生，也是研究马来西亚华人史的巾帼学者。记得最初在吉隆坡，宋博士第一次被正式介绍给我时说，他是来自首都师范大学的博士后、治马来亚华人史，并特别提到我的另一位朋友马来亚大学卢慧玲教授的郑重推荐。坦率地说，当时我是第一次听说其大名的，心里不免暗暗有些吃惊和惭愧：自己怎么啦，竟然如此孤陋寡闻，不知北京隐藏着一位年轻的同道。在随后谈话中，我欣喜地得知，原来宋博士一直是治中国古代史，最近在马来亚大学中文系担任为期一年多的访问学者，转而有志研究马来西亚华人史。在自己的专业领域里，又多了一位志同道合的青年才俊加盟，我当然十分高兴。再后来，在北京与来访的陈爱梅博士一起餐叙时，宋博士很客气地问我，他有一部关于马来西亚华人史的书稿即将付梓，想请我作序。坦率地说，当时我是有些犹豫的：在这么短的时间

里，竟然能完成了一部书稿。吃惊之余，也有些好奇：想了解宋博士的大作到底写的是什么，又是如何完成的。所以，我委婉地答复道，先让我拜读书稿，然后再确定吧。然而，当书稿送达快速翻阅后，明显感觉到宋博士是一位勤勉、认真、富有好奇心的青年学者；在如此短的时间内完成一部专业水准与阅读趣味兼具的著作，不能不令人钦佩。这里，我想与读者分享本人两大阅读感受。

首先，这是一部历史学专业训练背景的、关于马来西亚华人史的、历史人类学的专题研究论集。顾名思义，书名主标题是“马来西亚华人史”，当然是一部关于马来西亚华人历史的著作。副标题则是“权威、社群与信仰”，则揭示了本书的主题与学科性质，表明它不是一部传统的、通史范畴的马来西亚华人史著作。换言之，宋燕鹏博士的大作，不是一部基于详细策划论证的项目计划书之上的专题著作，不是企图通过自己对有关“马来西亚华人史”的某些系列专题的详细个案研究，检视有关“权威、社群与信仰”主题的一般范式与理论，而是藉此三个相关的主题串联各章、统领全书。简言之，本书是一部论文集，收录了作者近几年陆续发表在中国大陆和新马的专业期刊论文、报刊杂文和评论，如《南洋问题研究》（厦门大学）、《南洋学报》（新加坡南洋学会）、《马来西亚华人研究学刊》（吉隆坡华社研究中心）、《汉学研究学刊》（马来亚大学），以及《华人研究国际学报》（新加坡南洋理工大学）等。论集主要聚焦于马六甲、吉隆坡和槟榔屿三个华人聚居地，然而其整体关怀却覆盖了马来西亚华社、华南与南洋、中国事务与身份认同。论集文献资料丰富全面，包括金石资料、会馆收据、典籍收藏与图书文献等，涉及面也很广阔多元，涵盖领域从华人甲必丹到领导权，从方言群到会馆，从法师、寺庙到九皇大帝，从对马来西亚华社个性化的观感到对马来西亚华人史研究的一般性观察和讨论，等等。纵览全书各章，应该说宋博士大作结集出版可谓水到渠成、顺理成章。选题专门，并紧扣学界关注热点；行文写意，而不失流畅，值得嘉许。

其次，这是一部融专攻中国古代史转轨东南亚华人史的所谓“外行”、从中国大陆初访马来西亚的所谓“外国人”和“陌生人”三重身份为一体的青年学人所撰写的专题研究论集。除了历代中国文人皆备的学术游记习惯和中国古代史学者对地方文献的梳理考证、传记与纪事传统特征，本书深刻地印烙了作者“跨界的”“异文化的”“他山之石”的独特视角与文化情怀。曾几何时，对汉语言文化圈和中国汉学界而言，华侨华人史最初一直成为中国史的分支，南洋华侨华人则成为南洋研究的重点特色。汉学作为南洋研究的传统，当初不仅引领了南洋研究风骚，而且南洋研究主力军是极少数从中国南来的传统中国学人，他们给南洋研究打上了中国学术传统与文化特色的深刻烙印。对西方汉学家而言，战后相当一段时期，由于冷战的缘故不能进入中国大陆，对台、港、澳、海外华人社会，尤其是东南亚华人社会的关注与研究，成为其对中国研究的“替代品”及其主题关怀的方法论工具。华南与东南亚长期的地缘经济与社会文化历史的传统纽带，无疑进一步加强了上述两个不同学术研究领域的融合渗透。不少西方研究中国的学者纷纷进入海外华人研究，特别是东南亚华人研究的领域；东南亚华人研究学者则反其道而行之，转而追溯侨乡华南社会文化的源头。同样地，当下以中文为写作媒介的中国大陆华南学派也开始走向东南亚，固然是追踪中国历史文化传统在海外的衍生与发展，更是走向国际、摆脱华南研究危机的一种重要选择。

中国开放后，东南亚华人研究跨地域的时代意识形态色彩消失了，西方学者们于是纷纷回归各自的专业领地。不过，少数例外也是有的，如美国孔飞力教授、日本滨下武志教授和加拿大丁荷生教授（最近刚加盟新加坡国立大学）等。这些杰出学者的跨界例子涌现，令本土东南亚华人学界为被“额外青睐”而深受鼓舞。应该指出的是，上述几位西方学者从东亚研究（实际上是中国研究）跨入东南亚研究（实际上是东南亚华人研究）是对其核心研究主题的地域拓展性关怀，或者说是同一专业领域主题关怀在不同地域的延伸，而不是真正意义上的学科专业领域的跨界。反观东南亚本土地区，同样研究中国现代历史的学者转而也同时跨界关注东南亚华人问题，如新加坡国立大学的黄贤强教授和黄坚立教授等。他们跨界则是另辟疆场，主要考量应该是本土主流学术生态、专业市场动力和社会关注度等因素，而且他们都拥有土生土长华人学者的在地背景优势支撑。这同样是一个非常有趣的学术现象。从东南亚本土视角看，东南亚华人研究的语言、文化与族群的分野，一直界限分明。对以中文为媒介的东南亚华人研究，尤其是新马华人研究而言，处于英文与东南亚本土语言之间，更是一种坚定明确的求生存、谋发展的策略定位：一方面，立足于对华社自身族群与文化的在地化知识；另一方面，依托于中国海峡两岸暨港、澳等同宗同源学术文化圈的国际空间。对非华南学派、治中国史的广大中国学者而言，东南亚与东南亚华人的方法论工具与跨域想象，也是如此。随着汉语文化圈人文交流的日益国际化，这可能是一个需要正面看待和具体客观分析的重要现象。将来能否发展成为一种趋势，值得观察。香港中文大学治清史的梁元生教授利用在新加坡国立大学任教多年的机会，厦门大学治唐史的陈衍德教授利用到菲律宾交流一年的机会，以及治明清史的曾玲教授利用到新加坡探亲和定居多年的机会，纷纷转而研究在地的东南亚华人，都做出了重要的研究成果。宋燕鹏博士的跨界应该也属于此种类型，是一种难得的有益尝试，并且已经奠定了一个很好的开始。

毋庸讳言，某些专业学者，尤其是研究东南亚历史和东南亚华人的所谓正统学者，可能难免苛求本书作者在研究主题关联上的牵强与附会、学术理论与方法论讨论上的朴素与主观、报刊评论文章上的感性与夸张，甚至遣词造句上的些许随意，等等，不一而足。然而，宋燕鹏博士的学术热忱、探索勇气与勤勉认真等可贵品质，不能不令人激赏。后生可畏，精神可嘉，相信读者会从本书阅读中得到印证。

是为序。

2015 年清明前夕于燕园

原载宋燕鹏：《马来西亚华人史：权威、社群与信仰》，
上海：上海交通大学出版社，2015 年；
另载《光华日报》〔马来西亚〕，2015 年 7 月 14 日

《“习以为常”之蔽：一个马来村庄日常生活的民族志》序

康敏博士的专著《“习以为常”之蔽》是一部很值得一读的外国民族志，很了不起。该书反映了近年来中国东南亚研究中一个非常可喜的重要转向，即中国大学的博士生开始走出国门，奔赴东南亚国家从事田野调查研究。在此之前，虽然不乏海外中国留学生到东南亚实地调查，收集资料，但一般都是受国外大学的派遣与资助，专门为国外大学学位论文而准备；同样，虽然中国大学也有部分学者，甚至博士生，曾创造条件到东南亚国家进行这样或那样的研究，但一般或为短期肤浅粗放式的观光考察，或为长期交流学习式的进修访问；虽然中国前辈著名学者如人类学家林惠祥和社会学家陈达，也曾在东南亚从事过长期的实地考察，并有专门著作问世，但那毕竟是在战前特殊的历史条件下进行的，就像台湾著名的人类学家李亦园20世纪60年代赴马来西亚柔佛州的田野考察一样，毕竟与大陆大学和学者的境况不可同日而语。就社会科学在新中国半个多世纪来的独特历史遭遇和中国对外国地域研究的整体水平而言，像康敏博士那样从事为期近一年的专题田野调查，从学术的原动力到财物资助，完全靠自己筹措而不用依靠海外援助，其困难之大，可想而知；其闯劲之足，令人刮目。正因为如此，如果说北大社会学与人类学系高丙中教授麾下的博士生团队可谓开了风气之先，一点不为过。康敏博士论文的成功实践，从另一个侧面也展示了中国与东南亚关系（包括学术交流）十多年来突飞猛进的飞跃发展和广阔前景。

康敏博士的学术勇气与进取心还体现在其博士论文研究课题的独到选择上。在中国，长期以来东南亚研究很大程度上等同于东南亚华人研究，此点与东南亚地区当下知识生产的族群化的专业分工，竟非常相似。应该说，这是一个非常狭隘的和亟待纠正的失衡与无奈。值得欣喜的是，作为祖籍中国福建漳州的华人博士生，康敏当初并没有按自身所谓地缘与族群的惯例优势条件选择从事马来西亚华人研究，而是反其道而为之，选择了一个更具挑战性的非华人研究题目，即马来人回教村社研究，而且把田野调查的地点选定在马来人占绝大多数、回教党势力影响最大的北马吉兰丹州农村。鉴于学界激烈竞争的市场专业分工，鉴于她作为中国年轻的女性身份，鉴于她在田野调查之前从来没有到过马来西亚的个人背景，仅此选题的本身便不能不令人肃然起敬，也不禁让人为她捏了一把汗。然而，康敏博士竟然最终顺利完成了她在马来西亚为期一年的田野调查，2006 年顺利通过答辩，并在博士论文基础上将其大作修改出版。

康敏博士的专著副标题“一个马来村庄日常生活的民族志”揭示了全书的主要内容。这是一个非常经典的人类学课题，也是一个非常中国化的研究定位。就前者而言，该书通过对学名为仪村的马来村庄田野调查，描述了仪村日常生活中的时间安排、空间结构、性别权力，以及个人与社会、宗教和国家的关系等方方面面的课题，揭示了蕴含于仪村“日常生活”与“习以为常”文化主题背后的价值法则和权力关系，堪称一部标准的外国民族志。就后者而言，该书明确的定位可以说是一位刚迈出国门的中国年轻学者从外国人的视角、以中国学界和读者为对象而写就的、一部富有中国特色的东南亚民族志。或许正因为如此，一个明显的印象是全书内容通俗风趣，文字简洁流畅，文风跳跃而富个性和张力，没有学院派惯常的深奥精细的理论架构，也没有学究式程式化的精雕细琢般的专业分析，凡仪村的日常生活，从饮食起居、生老病死，到身体服饰、宗教伦理，再到社会、国家和族群文化认同，依作者自己亲身的观察、体验和感受，平平常常，一一娓娓道来，加以解读串联。虽然个中议论有时难免过于朴素而富感性，虽然个别专业学者对此或许难免有些微词，但它很适合中国读者的口味，相信大多数中国读者都会喜欢阅读此书，并和我一样为康敏博士所取得的成就而骄傲。

“初生牛犊不怕虎”，康敏博士在自己的学术职业生涯中已经迈出了非常重要的一步，值得祝贺，我期待着今后她会有更多高质量的东南亚研究论著问世。是为序。

吴小安

2009年仲夏

谨识于燕北园

原载康敏：《“习以为常”之蔽：一个马来村庄日常生活的民族志》，北京：北京大学出版社，2009年

《马来西亚华人人物志》书评*

捧读厚实沉甸的四卷本何启良教授主编的《马来西亚华人人物志》，至少两大板块的参照维度，令人印象深刻。其一，中国史的传统。中国历史编纂学一直强调三大体例，即编年体（以时间为中心）、纪事本末体（以事件为中心）和纪传体（以人物为中心）。《马来西亚华人人物志》中“人物志”的标题明显地表明了此种关怀。其二，东南亚华侨华人史的传统。“立德、立功和立言”是中国儒家思想倡导的人生三不朽。长期以来，虽然华社一直是支撑东南亚华文报纸、华人学校、宗亲会馆社团的深厚社会基石，但是华社这种广泛的族群社会基础的中坚领导力量实际上一直体现在一大批领袖人物的重要角色和宝贵支持上。而且，由于历史上移民社会、殖民社会与土著社会的错综复杂关系的影响，此点一直成为东南亚华社的政治经济权力关系和社会文化生态的鲜明特色。

---

* 何启良主编：《马来西亚华人人物志》（四卷本），马来西亚八打灵：拉曼大学中华研究中心，2014 年 11 月，1838 页。

从更专门的视角关联与比较的层面看，中国华侨华人史与东南亚华侨华人史两大板块的参照维度，同样地，富有启发性。其一，在中国大陆，当以 20 世纪初梁启超的《中国殖民八大伟人传》[①]和当代北京大学周南京教授为总主编的《华侨华人百科全书》（十二卷本，其中含一本人物卷）[②]为最经典。其二，在东南亚，战前，英文著作当以 Wright 和宋旺相各自主编的大作最为经典[③]，中文著作则以历史上林博爱为总主编的《南洋名人集传》（六卷本）[④]影响最为深远。也许受此影响，在战后，国际上学界影响最大的当属新加坡华裔馆首任馆长潘翎主编的《海外华人百科全书》（中英文一卷本）[⑤]。此外，许教正主编的《东南亚人物志》（1965 年）、宋哲美主编的《新马人物志》（1967 年）和 Lee Kam Hing & Chow Mun Seong 主编的 *Biographical Dictionary of the Chinese in Malaysia*（1997 年）各自增添了重要时代的特色，也都很有参考价值。

在 21 世纪初全球化与在地化时代并存的当下，无论是中国，还是东南亚，或是华侨华人，都已进入了一个全新的时代，是时候需要

---

① 梁启超：《中国殖民八大伟人传》，《新民丛报》，总 63 号（1905 年），第 81—88 页。

② 周南京主编：《华侨华人百科全书》北京：中国华侨出版社，2002 年。

③ Wright A., *Twentieth Century Impression of British Malaya*, London: Unwen Brothers Limited, 1908; Song Ong Siang, *One Hundred Years' History of the Chinese in Singapore*, Singapore: J. Murray, 1923.

④ 林博爱主编：《南洋名人集传》，槟城：槟城点石斋印，1923 年。

⑤ Lynn Pan, general editor, *The Encyclopedia of the Chinese Overseas*, Singapore: Editions Didier Millet, 1998, 2006；中文版潘翎主编，崔贵强编译：《海外华人百科全书》，香港：三联书店有限公司，1998 年。

全面、系统和与时俱进地检视马来西亚华社各个时期、各行各业的领袖人物的丰功伟绩。《马来西亚华人人物志》（四卷本）的出版，来得及时，值得庆贺，应该骄傲。在上述大背景下，通读全书，笔者认为，《马来西亚华人人物志》至少拥有如下几点突出的鲜明特色。

其一，这是第一部系统完整、贯穿古今的马来西亚华人人物志。从时间跨度看，全书从 17 世纪开始，以 19 世纪以降为重点，一直涵盖至今日为止，跨越了三个半世纪的历程。从空间维度看，全书不仅覆盖了西马、东马各州，而且兼容了 1965 年前的新加坡，以及包括孙中山、康有为、辜鸿铭、邵逸夫等十多位对新马有重大历史影响的所谓“外篇”人物，总计收录了 432 位华人精英领袖。更重要的是，全书虽然是以人物志的形式呈现，但是贯穿其中的主线却非常清晰，那便是《马来西亚华人人物志》所揭示的重要主题：既是华人从中国南来东南亚移民、创业和奋斗的历史，也是华人由“落叶归根”中国认同到“落地生根”在地认同的积极转变和文化族群诉求抗争的历史，同时是东马并入、新加坡退出的政治版图变迁与社会生态重组的历史。在殖民主义、独立建国与现代化洪流大潮中，四百余位华人精英的丰功伟绩，历历在目，既是马来西亚国家历史的见证和马来西亚华人历史的缩影，也是华社生衍不息、不屈不挠、奋发向上的动力精神之所在。正因为如此，虽然引以为憾的是，《马来西亚华人人物志》编撰发行是以马来西亚华社的名义，而非以马来西亚国家的名义，但是毫不夸张地说，国家层面的洋洋四大卷《马来西亚华人人物志》可谓一座举国纪念各位华社精英的功德丰碑和记录华社不平凡、不顺畅、不屈从的历史丰碑。在这种意义上，此点倒不失为安慰。

其二，这是第一部倾马来西亚、新加坡以华文为媒介的华人研究学界、兼容旅居在中国海峡两岸和香港的马来西亚籍学者之力的马来西亚华人人物志。这与东南亚华社各地宗亲方言行业会馆主导的群英谱编撰有着鲜明、本质的差异。换言之，学者的基本职责要求之一是严谨专业、客观公正，而上述广大学界的面向则更进一步彰显了人物志编撰的专业性、标准化与严肃性。《马来西亚华人人物志》虽然同样不乏少数政界名流、商家和社会贤达热心赞助（这依然是东南亚华社的传统），但是明显能看出，其编撰始终是以学界为专业面向和以学术为专业定位的，队伍阵容之大，组织之细，过程之严谨，态度之敬业，可圈可点，不能不令人赞许。自 2009 年立项始，至 2013 年完成，再到 2014 年 11 月正式出版，以何启良为主编的，谢爱萍、张晓威和黄文斌等 9 人组成的编辑部先后召开了 19 次联系会议，聚集了 132 位条目作者，先后在新加坡、新山、诗巫、古晋、槟城，以及彭亨州的武吉丁宜和 Kamgpung Janda Baik 等地组织了多次“脑力激荡”工作坊，历经传主人物筛选、撰稿作者邀请、文稿收集、编委会审核、主编重审、校对、排版、外审和修订等 9 个阶段。工程浩大，任务艰巨，时间紧迫，使命光荣。敬业与奉献，跃然纸上，自不待言。拉曼大学与华社研究中心两大机构的鼎力支持，令人钦佩。

其三，全书以述为主，尽量客观中性。各个传主，收录方言与汉语拼音芳名，一律去除传主的各种名目荣衔，与学界的专业规范一致。在东南亚华人社会背景下，此点尤为难能可贵。对东南亚华人的学者而言，则平添了许多方便，因为方言、拼音和英文名字的混乱而难以明确定位具体某一华人历史人物，一直是一件令学者们苦恼头痛的事情。特别需要指出的是，各个传主人物一律由画家以人物素描的形式呈现（无照片者则以轮廓代之），不仅保持了体例的一致性，而且更重要的是，让全书增添了学术与艺术的品位，令人耳目一新，着实增色不少。编辑策划者的专业用心，可见一斑。

如此宏大工程，没有争议是不可能的。不少读者难免会有不少疑问，其中最突出的恐怕是：其一，关于外编总计 11 位人物志。诚然如辜鸿铭这样的人物应该不会有什么问题，但是很多人物如孙中山、康有为、左秉隆、黄遵宪、郁达夫等，为何被收入马来西亚人物志，委实不能不令人心生疑问。其二，关于人物入选标准。诚然本土视角与在地贡献没有错，然而既然是系统全面的马来西亚人物志，就需要真正做到全面系统地收录马来西亚历史中起重大作用的所有华人人物（而不应有遗漏，无论什么原因）。历史是多维的，不是单元的；历史是客观的，不是主观的。无论正面，或是反面，只要在马来西亚历史进程中留下重要印记的华人人物都应该是不可分割的历史重要组成部分。然而，在当下的华社文化背景下，倘若真正做到这一点，可能引起的争议和麻烦会更大。

原载《南方大学学报》（马来西亚），第 3 卷，2015 年

《新加坡华人社会史论》书评*

香港中文大学历史系讲座教授、香港中文大学崇基学院院长梁元生大作《新加坡华人社会史论》新近出版是新加坡研究和海外华人研究之一大幸事，很有新意，值得庆贺。与传统中国社会士、农、工、商“四民”结构不同的是，南洋华人移民社会一般主要分为工、商“双层”阶级社会。最显著的分别是，“士人”阶层如果说不是不存在，至少也是不怎么重要。而梁元生教授的大作，则正是考察了新加坡华人社会“士人”阶层的起源、历史、演化与现代新加坡儒学运动复兴。梁教授认为，新加坡华人社会“士人”阶层，不是通常所知的到20世纪初新式学堂、新式教育之后才开始出现的。实际上，早在19世纪70年代，伴随着殖民主义政治与经济开始全面扩张，即已开始华人社会的扩大化与多元化的过程。多元与分化的结果便是“士人”阶层的衍生。

---

* 梁元生：《新加坡华人社会史论》，东南亚华人研究丛书之八，新加坡国立大学中文系八方文化创作室联合出版，ISBN 981-4139-31-9，2005年2月。

梁教授全书共十章，集中探讨了历史上新加坡华人移民社会处于“商”与“工”之间的特殊阶层——“士人”阶层。虽然该书为文集，各章为单篇论文，分别于不同时期写就，但梁教授却以“士人”阶层和其所代表的“儒学”或“儒教”红线与主题统领全书，独立成章，浑然一体。作者在收集新加坡各种华人报刊资料的基础上，通过对一系列典型“士人”个人文化活动的关注，凸现了新加坡华人移民社会在各个特定的历史时期，在历史与当代、中国与南洋、西学与儒学、传统与现代之间的碰撞、适应、回归和发展。全书研究的切入点大多聚焦于人物——“士人”，但作者却旨在彰显人物背后的时代、社会、政治与文化主题和特征。全书融文学于历史，寓复杂于简单，由小见大，由点到面，由微及深，由古到今，由人物及家族、方言群、华人社区、新加坡国家，乃至中国，娓娓道来，文笔朴素而清新，不能不令人钦佩作者驾驭的深厚功力，读起来如散文，是一种享受。相信研究学者和一般读者都会喜欢此书。

在梁教授大作中，“士人”阶层不是静止的、停滞的和狭隘的。相反，他们在作者学术关怀中具有方法论上的典型性、完整性和承继性。作者探讨了新加坡华人社会历史发展中三种类型的“士人”阶层。第一种为传统类型的“士”，即 19 世纪下半叶开始出现的以会贤社文人和吟诗社诗人为代表，如邱菽园、黄景棠、李清辉等。第二种为近现代类型的“知识分子”，即 20 世纪初开始出现的由传统儒生转化的知识分子和海峡侨生，如邱菽园、林文庆等。第三种为所谓“离心之士”，既包括信奉与正统儒教格格不入的异教基督教的知识分子，如黄乃裳、郑聘廷等，也包括“革命之士”，如20世纪早期新加坡琼人社会的革命领袖和民族主义者等。

尽管如此，需要请教的是，书中许多篇幅论及的“士人”阶层的重要人物，如会贤社最重要的人物左秉隆，实际上乃清政府驻新领事，虽然左在新就任该职十年之久。另一个士人阶层重要团体图南社，背后关键人物是左之继任者，同样为清政府领事的黄遵宪。再有，书中着墨较多的所谓新华社“士人”阶层的重要人物，如江苏诗人卫铸生，上海士绅李钟珏，访问学人吴桐林、丘逢甲、王晓沧、康有为等，全都是来自中国的士人，且他们在新逗留的时间很短。问题是，这些人构成梁教授书中“士人”阶层中重要部分的“士人”是否真正属于“新加坡”和新加坡“华人社会”，能否真正被称作新华社“士人”阶层，值得怀疑。如何进一步明确界定新华社“士人”阶层与他们的关系和性质，值得探讨。

这里或许还需要特别指出的是，绝大多数东南亚本土华人社会研究，与海外学者关怀和世界其他地区族群与社区研究或许存在一个明显不同点。这便是，在族群政治影响下，或本社区文化面临边缘化背景下，本土学者代表华社所发出的强烈的文化与种族诉求——即便是研究的焦点完全关注于本社区与文化，而非其他族群与文化。换句话说，这也许是所谓“中国中心论”“中国文化论”“族群政治”的烙印。梁教授以区域外学者与曾在新任教、研究和观察达八年之久的多重身份，虽然努力客观中性，但中国史、中国文化与中国观的关怀，替代、妨碍或偏离了其对东南亚内部本土视角的关注和平衡。虽然不必要求梁教授一定要有地区本土内部的视角，但至少本土殖民、政治、经济、社会等大环境与大背景，却是研究中万万不可或缺的考量与要素。不过，本书最后关于新加坡现代儒学复兴两章却弥补了该遗憾，多少让人有些欣慰。

原载新加坡世界科技出版公司网页

http://www.globalpublishing.com.sg/forumpl/000205x.html，2005 年 2 月

《新马华族文史论丛》书评*

陈荣照主编的《新马华族文史论丛》，顾名思义，包括两大方面。其一，文的方面：通过新马文学和作家所折射的特有的侨民生活和心态，探讨中国传统文化和政治发展在东南亚的嬗变和反响；其二，史的方面：通过特殊的切点，如娼妓、会馆和商会，探讨华人移民社会独特的社会生活和组织。从根本上说，该论丛属新马华族社会史的大范畴。不同的是，它主要从文学史、文化史的角度研究华人社会的心态取向和社会文化功能。它收集了以新加坡国立大学中文系师生为主体的学者华社研究最新成果，值得祝贺。

文集分三大部分，共收论文十一篇。第一部分为文学史，包括杨松年的新马文学史理论架构反思，李志的新马“五四”文学，苏卫红和郭惠芬的抗战救亡文学研究，以及王志伟的邱菽园咏史诗研究。第二部分为社会史，即黄贤强的槟城娼妓史研究，曾玲的新加

* 陈荣照主编：《新马华族文史论丛》，新社学术丛书第五种，新加坡：新社，1999 年 3 月，318 页。

坡华人社会组织碧山亭研究，以及刘宏的新加坡中华总商会研究。第三部分主要为报业史，即王慷鼎的《槟城新报》研究和叶钟铃、徐艰奋的吉隆坡《益群报》研究。除刘宏论文外，文集透视了战前新马华族，准确地说应该是以华文为媒体的华族文史发展进程。

应该指出的是，东南亚华人社会一个最显著的特性在于它是一个移民社会。在东南亚各国建国前，华社政治、经济、文化身份的界定、取向与争议，始终游移于中国与东南亚社会之间。本质上，这是一种本土与乡土、主流与边缘等错位的复杂心态。华社严峻的现实生活（本土）与遥远的精神家园（乡土），经济活动之活跃与政治参与之被排斥，因西方殖民主义的统治，长期悬而未决。其结果集中反映在华社的“侨民意识”之中。文集中新马“五四”文学，抗战救亡文学，华人的社会生活（如娼妓），社会组织（如总商会和碧山亭）正是从不同方面折射和证实了这种社会政治文化心态。

“侨民心态”的长期历史沉淀最终孕育为新马文史发展“本土化”趋势。这也是陈荣照在序言中极力凸现的文集主旨。所谓“本土化”，借引文集，即指“以移民带来的传统文化为主，同时因应移民所在地的特殊历史社会环境所产生的文化变异”（页 3）。实际上，它是一个比文化范畴大得多的理论概念。遗憾的是，对于“本土化”理论界定和延伸，文集并未做深入的阐发。这大概是因为本书乃论文之集成，而非先有策划，后有经验求证所致。

文集一大特色是通过华文报刊来研究新马华人社会文化史。收入论文多属微观个案研究，作者大多系统地参考了新马华文报刊第一手资料，属开创性工作。凡东南亚华侨、华人史学者定会对此感兴趣。

需要强调的是，东南亚华侨、华人史是整个东南亚历史进程中一个不可缺少的重要组成部分。因而，对华侨、华人历史的研究，也必须放在整个东南亚社会、经济、政治、历史发展的大框架、大进程中考察，而不能把华侨华人史分割出来，当作孤立的社区个案研究。这就要求学者们，要考虑其他种族社区的作用与互动；在研究手段上，要结合不同层次的官方档案资料。相信，《新马华族文史论丛》会带动一批高质量的华社研究著作面世。

原载《南洋学报》〔新加坡〕，第 55 卷，2001 年

三　句　话

早晨，厦门天气突然晴了，给了我们一个惊喜。今天，是一个好日子。我们华侨华人与区域国别研究院，从无到有，到今天的揭牌和研讨会，如果没有海内外、省内外和校内外广大学人、同仁和领导的大力支持、关心与辛勤工作，是根本不可能的事情，你们成为我们研究院历史上的重要组成部分。我将永远铭记在心，谢谢大家了！

我加盟华大时间非常短，受到校领导和全校广大师生的支持和照顾，却特别多。对此，我特别受教，非常感激。我简短讲三句话：

第一句话是关于职位的。院长只是职位，不是权力。我惟有一颗敬畏之心，惟有一颗赤诚之心，惟有一颗奉献之心。没有其他。

第二句话是关于机构的。研究院是中长期学术定位的，是华侨华人与区域国别为面向的，是全球华人与本土情怀兼容的。我惟有求真务实，惟有守正创新，惟有开放包容，惟有专业操守。没有其他。

第三句话是关于个人的。我是抱着归零的心态来到我们华侨大学的，从零开始，重新出发。我加盟华侨大学是来学习的、交流的和个人提升的，不是来躺平的，更不是来沽名钓誉的。对我而言，今天借此公开表一个态：我将一如既往，秉持几十年遵纪守法、诚实守信的人生与职业信仰，老老实实做人，清清楚楚做事，明明白白履职，干干净净立言；不刮风、不吹风、不跟风、不歪门邪道、不阴谋诡计。没有其他。

请大家帮助我，监督我。谢谢。

原为华侨华人与区域国别研究院院长聘任仪式上的致辞

2022 年 6 月 11 日

下部

飞燕集

北大图书馆（2013 年 11 月）

客里无宾主 花开即故山

——魏源《旅怀二首》

孩子递给我满捧的草
问草是什么
我该怎样回答呢
我知道的
其实并不比他多

——惠特曼《自己之歌》

我以前说过的话我还要再说一遍
要我再说一遍吗 为了要到达那儿
到达现在你所在的地方 离开现在你不在的地方
你必须经历一条其中并无引人入胜之处的道路
为了最终理解你所不理解的
你必须经历一条愚昧无知的道路
为了占有你从未占有的东西
你必须经历被剥夺的道路
为了达到你现在所不在的名位
你必须经历那条你不在其中的道路
你所不了解的正是你所唯一了解的

而你所拥有的正是你所并不拥有的

而你所在的地方也正是你所不在的地方

——艾略特《东科克尔村》

您把美好永远留下了

初见时
不闻暗香
记得
是中午
我窃藏拘谨
兴冲冲地
向您奔去
您没有化妆
质朴又平常
甚至有些简陋

不见芳华
我难掩内心
一丝失望
那时

我仍年轻
不知道
其实是自己太肤浅
还有庸俗

不知什么时候开始
慢慢地
我懂了
原来您丰富的安静
是每一个日出前的清晨
不是中午
不是三角地

不知什么时候开始
慢慢地
我又懂了
原来您静谧的深邃
是自习后的每一个黑夜
不是黄昏
不是未名湖

潮起潮涌的变换
是您的季节
不是岁月

人来人往的更替
是您的年轮
不是相思

奔流不息的不朽与离散
是长城内外和五洲四海
不是静园

燕园内外
是莘莘学子
不是五四广场
我知道

内外之间
是勺海
不是博雅塔
我却不知道

男人不哭
爱哭的男人
总是很花心
除了醉酒

真正的男人
不哭
失恋时
不恨

诗人都爱歌唱
歌唱
在现场
是庆典与嘉年华
淹没在人潮和噪音的汪洋

学人更爱独唱
独唱
在漫山遍野
只有自己与空谷灵音
是诗人的献礼
您把美好永远留下了

——2022 年 3 月 12 日，华侨大学厦门校区

北大人文学苑 5 号楼办公室（2022 年 7 月）

流浪 一点都不浪漫

搬家时
一只箱子
便是全部家当
一个人
在寒冬的街头
是谓青年

在陌生人面前
年轻人都会装作坚强
流浪
一点都不浪漫
在异国他乡
如果身边
没有漂亮的女生

如果说
某个时候
不能为您
改变自己
那是因为害怕
如果改变
便会失去

一生中
两个人的世界
追求的时间
总是少于
经营的时间

只有前进
只有相信
如果追求

只有经营
只有承受
如果拥有

——1995 年 2 月 18 日，阿姆斯特丹

相　亲

您埋着头
我以为是无能
不懂得
原来您是隐忍不发
维护我的体面
我始终一厢情愿

我昂首挺胸
一点都不领情
不知道
原来您是主动迎合
生怕我难堪
您依然一见钟情

——2022 年 3 月 9 日，华侨大学杏林湾跑步归来

辛 夷 坞

今天
燕园风大
我却走了
不能风雨同舟
在风和日丽的鹭岛
我的脸
红了
未名湖的鸽子
被枫叶蒙蔽了眼睛

今天
北方冰寒
我却走了
不能同甘共苦
在阳光明媚的日光岩

我的眼
湿了
未名湖的鸽子
谁放的

——2022 年 3 月 4 日初作，3 月 7 日订正，
于华侨大学厦门校区特别存念

离开的时候 不要怨

离开的时候
不要怨

如果 有时候
你怪我
对你关心不够
那么 请相信
其实 那时候
我正在以我的行动
以我的方式
为你唱一首自己的人生之歌

那时候 我也对自己说
我多么希望能够躺在你的怀里
好好休息

什么也不想
但是 亲爱的
原谅我不能这样

曾经自己
对自己写道
作为人
我是善良的
作为儿子
我是孝顺的
作为学人
我是合格的
作为恋人
我是真诚的
作为师长
我是严肃、无私又宽容的

无论做人
还是做学者
不能说自己很出色
只能这样说
任何时候

任何地方
不会被瞧不起

我们不能讨好任何人
更不会因为不能讨好别人
和别人的看法
而改变我们自己
我们是为我们自己活着
为了我们心中的那份憧憬、追求和理想
活着

不能说
我们不现实
只能说
我们在现实、世俗和物欲中
想过得相对理想色彩一些
相对心安理得一些
和相对崇高一些

所以 我们要奋斗
所以 我们要付出
所以 我们要脚踏实地

所以 我们要不能忘记头上的天空
以及天边的一抹云彩

不要怨我
不要怨我
对你有时候
没有好心情
不要怨我
不要怨我
没有为你唱一首歌
写一首诗

不要怨我
不要怨我
不在你身边
在你委屈、困难的时候
在你需要我
默默地坐在你身边
静静地注视着你
听你倾诉的时候

不要怨我

不要怨我
不在你身边
在你人生面临重大转折
心境起伏失落
需要我跑到你身边
陪你一道坚定
自己人生方向和信念的时候

不要怨我
不要怨我
那一段日子
我的脆弱和不坚强
其实 我心里也一直在
深深地责怪我自己

不要怨世界
有时候太不公平
不要怨人们
有时候太功利
不要怨社会
有时候太庸俗
不要怨师长和朋友

有时候不可相信
更不要让这一切
坍塌了你心目中
那份神圣与高尚

能够容忍
周围的丑恶
便算成熟
我经常这样安慰我自己
能够容忍周围的丑恶
自己却依然守住心中的
那块净土
才叫高尚

离开的时候
不要怨

——1995 年 6 月 10 日，匆匆手书于阿姆斯特丹
原东印度公司总部大楼办公室，
2022 年 3 月 6 日录入电脑于厦门华园

与北大教研室同事林被甸（左二）、董正华（右一）和董经胜（左三）教授在静园（2010 年 6 月）

与梁英明教授在北大研讨会上（2003 年 9 月）

未名湖的冬季

未名湖
上善若水
那是春秋
隆冬里
是冰

在冰场
男女老少
飞舞跳跃
不是冬眠
蹂躏的
是我的全部躯壳
不是水

上善在哪里

冰上
还是冰下
未名湖
仿佛是水
又是冰

——2022 年 1 月 18 日，厦门华侨大学

燕园静园二院（2017 年 8 月）

归来 眼睛都是汗水

傍晚
不能奔跑
一个人
在杏林湾
一样滴
大汗淋漓
慢跑
也是畅快
虽然不是少年
归来
眼睛都是汗水

——2022 年 3 月 16 日，华侨大学厦门校区

新　　笔

您说过
要带一支笔回去的
回来后
我发现
两支笔依然摆放在这里
我正在用您没有带走的那支笔
在红叶上
写诗

——1997 年 2 月 27 日，吉隆坡 YMCA

青年 没有雨伞

下午
阳光灿烂
临窗桌子前
一个人
伫立
远眺大海
不写诗
低头
上弦场里
不曾挥汗的年轻人
霎那间
三十年过去
归来
海棠不依旧
春日里

依然面朝大海
青年
噗通的心跳
那个雨季
在秋天
没有雨伞
回眸

——2022 年 3 月 18 日，厦大南洋研究院

风铃树 开花了

春分
没有雨
我等待清明

香客
不听雨
祭祀的是庙堂

春潮
不等风
等风的是旅人

飞鸟的季节
是绿叶、鲜花和青草地

还有种子

春之歌
是蝶舞蜂喧和雨水声
在天空、大地和漫山遍野

我问少年
为什么不放歌
少年大哭
我的牛找不见了

我问伊人
为什么不写诗
伊人红着脸
春天是播种的季节呢

我问自己
为什么默默无语
原来是不闻暗香
我要收藏激情

春风里

风铃树开花了
仿佛是银杏
在深秋
我醉了

——2022 年 3 月 20 日春分，杏林湾漫步归来，
修订于 3 月 21 日

野　花　香

在黎明
我回味着
黑夜里的野花
恍惚间
不问
温馨的
究竟是月光
还是野花香

——2022 年 4 月 19 日，厦门华园

兰　　花

绽放
北国斜阳
不是栀子花开
闻香
东南海滨
又见夕阳西下

——2022 年 4 月 23 日，华侨大学厦门校区

风铃没有飘带

颐和园里
彩霞满天
我从风铃下走过
风铃没有飘带

万寿山顶
夏风吹过
风铃没有飘带
就是钟声

闭目倾听
风过之后
是铃声飘过
还是风铃坠落

夕阳之后
远古孤独的钟声
在风铃声中回荡
风铃没有飘带

——2022 年 5 月 3 日傍晚，厦门华侨大学网球场

我的夏季不是五月

校庆之后
立夏
小石路旁
又见棕榈
不见青春
五月
不是我的夏季

喧嚣之后
正午
鹅卵石上
听椰树林鸟鸣
仿佛沙滩边
海鸥拍浪
我的夏季

不是五月

五四之后
新文化
长城外
愿生如夏花
金戈铁马
五月
不是我的夏季

闻香
燕山下
等风
大海边
抬头
芭蕉叶飘荡
只有知了声
我的夏季
不是五月

——2022 年 5 月 5 日，厦门华园

思

夜晚
是静思
自然
是沉思
旅行
是游思
少年
是心思
白云
是遐思
青松
是追思
梦想
是相思

清晨
是致爱丽思

——2022 年 5 月 14 日，厦门华园

一个人的操场

梅雨季节
独自走过
五月的天空
在傍晚
一个人的操场
撑着蓝雨伞

——2022 年 5 月 10 日初作，修订于 5 月 16 日，厦门华园

燕　山　下

燕山下
长城内
不修边幅
放风的日子
燕尔纷飞
在海峡西岸远眺
望断云飞燕
我寻找
朋友的身影
去年秋日
山野的欢笑
仿佛今朝
杏林湾

——2022 年 5 月 20 日，厦门华园

明天 我终于可以不再写诗了

每当我辛勤劳作
疲惫之极
我便情不自禁想写诗
不是为了放纵
而是为了喘息

每当我忍无可忍
愤怒之极
我便情不自禁想写诗
不是为了报复
而是为了救赎

每当我完成任务
掏空之极
我便情不自禁想写诗

不是为了庆祝
而是为了填空

明天
我终于可以不再写诗了
因为
我想冲动一次
任性地翻山越岭

——2022 年 5 月 20 日，厦门华园

江湖与田野之间

江湖上
风起
究竟是侠客
还是丐帮盗匪
或者大夫

田野里
返青
究竟是农夫
还是鸡鸭牛羊
或者学人

江湖之外
有大海
天空之下
是大地

天地之内
学人在行走
江湖之间
飞燕在翱翔

学人与飞燕
哪里是历史
行走与翱翔
何时是栖息

——2022 年 5 月 21 日子夜，厦门华园

我在白鹭湖畔

晚风中
我在白鹭湖畔
是护栏
不是玉带桥
只有蛙声

月光下
我在白鹭湖畔
是棕榈树
不是澎湖湾
没有知了

——2022 年 6 月 13 日深夜下班途中，厦门华园

闭　　关

休假
俗人的智识探险
为了体验
如何成为井底之蛙
没有电话
没有朋友圈
喔喔
嗨

闭关
学人的工作假期
为了试验
如何在舒适区躺平
假装痛苦着
假装不满足着

喔喔

嗨

——2022 年 7 月 2 日，厦门华园

伟　　大

您本来就不是一位天才的诗人
您一直很伟大
是因为您活得太短命的缘故

您本来就是一位天才的画家
您一直不伟大
是因为您活得太长寿的缘故

——2022 年 7 月 14 日，京西五道口

燕园一日

早晨
天高云淡
迎着朝阳
从家里出发
一个人独自
潜回校园
故意
戴着红色的太阳帽
赶忙
清理办公室
默默地
情已怯

中午
天色阴沉
餐后

大家各自回去
午休
一个人独自
坐在办公室
特意
给自己一个空间
知了声中
胃没有泛酸

下午
办公室
很快彻底清理完毕
下雨了
寄完快递
大伙落汤鸡似地
走出五号楼
一起照完相
留念
没有说再见
一个人独自
悄悄地
朝未名湖走去

雨停了
杨柳枝纷纷带着雨滴
轻轻地
一个人独自
坐在长椅上
湖边
和风拂面
没有潮起
也没有潮落
没有旅人的驻足
更没有林荫道上
往日少男少女的足音

傍晚
缓缓地
起身
一个人独自
往回走
路面干了
沿着熟悉的小道
忽然心里
白鹭飞过
回首大西洋

转身
奔向太平洋
在路上

回家了
未名湖不是海洋
仿佛椰风蕉雨

——识于 2022 年 7 月 26 日，京西五道口

跋
行走的学人

学人是职业的，也是身份的；学术是志业的，更是探索的。当初考大学进入历史学系时，我的学术志向其实是做思想家、战略家或者批评理论家的，天马行空式的读书也都是围绕这些方向的。然而，很有意思的是，自始至终我却都没有偏离过历史学系的学科大方向；而且随着年龄的增长，越发坚定了自己作为一位历史学人的专业定位。为了做一位称职的学人，几十年来我都是在行走的路上。在行走中思索，在行走中书写，在行走中融入和跳出、跳出和再融入。

2021 年 10 月 12 日，三个月内我首次出京，奔赴厦门加盟华侨大学途中。在机场候机间隙，心里很感慨，情不自禁地写道：离开，无论什么方式，都是学习改变，只要心怀美好；离开，无论什么心情，都是眷恋依依，只要心怀美好；离开，无论什么性质，都是身份转换，只要心怀美好。

世间总会有那么一些人，总是与想象中的不太一样；总是在还未离开的时候，就已经设想着离开的情景。燕园是个好地方，二十个年头了；这是我人生最年华的付出，也是我职业生涯最持久的坚守。为此，我一直默默地酝酿了好久。

历史的维度，不仅在于发展与回溯，而且还有进程和沉淀。作为历史学系的学人，扪心自问，自己应该履行了职责，遵循了规则，践行了操守，守住了底线；也许还有，奉献了自己的美好，学人的、专业的和职业的美好。

也讲了政治，历史学人自觉的、专业的与职业的政治；懂了未名湖，深邃的、喧嚣的与包容的未名湖；也许还有，奉献了自己的一片丹心，私人的、微不足道的与一以贯之的丹心。

历史的意义，不仅在于事实和叙事，而且还有检视与眺望。自己对自己说，是该勇敢归零和重新出发的时候了。剩下的，只有惜别，无怨无悔。为此，我终于也默默地酝酿了好久。

行走的路上，有风；行走的历史，是人；下雨的时候，心不必都是湿的。这些，我深切地知道。为此，我同样默默地酝酿了好久。

诗情，大概只是在离开与沉淀之间。离开的时候，是不适合写诗的；沉淀是什么时候，我不知道。

既然已经封笔不再写诗，摘录《燕寨集》几行诗句，算是告慰和自勉，还有祝福：

“喜欢燕子
因为季节
喜欢寨子
因为园林

喜欢大海
因为蓝天”

“没有风的湖面
没有雨的阴天
没有阳光的日子
没有潮涌潮落的喧嚣
只有你们的私语
还有旁边林荫道上
少男少女的足音
旅人的驻足与思绪
……
未名湖
等待风起
等待潮涌”

行走，总是流动的，也是改变的；一辈子坚持行走，保持流动，就是自我学习和提升。心怀美好的人，总是衷心祝福；经常自省的人，总是心怀美好。所以，祝福美好！所以，美好祝福！所以，祝福行走！

吴小安

2022 年 7 月